本专著受“体适能与运动康复湖南省重点实验室”和“湖南省体育公共服务研究基地”资助。基金项目：2020年湖南省普通高等学校课程思政建设研究项目（HNKCSZ-2020-0105），2022年湖南省知识产权战略推进专项项目（2022F004K），2019年湖南省教育厂科学研究重点项目（21A0030）。

体育品牌运营中的知识产权

龚韬　范珍妮　等／著

知识产权出版社
全国百佳图书出版单位
—北京—

图书在版编目（CIP）数据

体育品牌运营中的知识产权 / 龚韬等著 . — 北京 : 知识产权出版社 , 2023.8
ISBN 978-7-5130-8877-0

Ⅰ . ①体… Ⅱ . ①龚… Ⅲ . ①体育—知识产权保护—研究—中国 Ⅳ . ① D923.404

中国国家版本馆 CIP 数据核字（2023）第 160244 号

责任编辑： 李陵书　　**责任校对：** 谷　洋
封面设计： 研美文化　　**责任印制：** 孙婷婷

体育品牌运营中的知识产权
龚韬　范珍妮　等/著

出版发行： 知识产权出版社 有限责任公司　　**网　　址：** http：//www.ipph.cn
社　　址： 北京市海淀区气象路 50 号院　　**邮　　编：** 100081
责编电话： 010–82000860 转 8165　　**责编邮箱：** lilingshu_1985@163.com
发行电话： 010–82000860 转 8101/8102　　**发行传真：** 010–82000893/82005070/82000270
印　　刷： 北京建宏印刷有限公司　　**经　　销：** 新华书店、各大网上书店及相关专业书店
开　　本： 720mm × 1000mm　1/16　　**印　　张：** 15.5
版　　次： 2023 年 8 月第 1 版　　**印　　次：** 2023 年 8 月第 1 次印刷
字　　数： 208 千字　　**定　　价：** 68.00 元

ISBN 978-7-5130-8877-0

前 言

保护知识产权就是保护创新。近年来，我国知识产权事业不断迈上新高度，党的二十大报告强调，“加强知识产权法治保障，形成支持全面创新的基础制度”。国务院2023年《政府工作报告》重申了“加强知识产权保护，激发创新动力”这一重要施政目标。2023年4月26日，国家主席习近平向中国与世界知识产权组织合作五十周年纪念暨宣传周主场活动致贺信时指出，中国始终高度重视知识产权保护，深入实施知识产权强国建设，加强知识产权法治保障，完善知识产权管理体制，不断强化知识产权全链条保护。

在当今全球化和数字化的时代，体育产业正以前所未有的速度迅猛发展。在这个充满活力和机遇的环境中，中国的体育品牌也日益崭露头角，展现出强大的创造力和市场潜力。体育品牌作为体育产业的核心组成部分，不仅是一种商业标识，更是一种文化符号和社会价值的体现。然而，随着体育品牌的兴起和壮大，知识产权保护问题也愈发凸显，保护知识产权的重要性也日益凸显。

本书各章节既涉及体育知识产权的相关理论，又聚焦具象的体育品牌中现实存在的微观问题，将理论结合国内外的经典案例及事例，深入浅出地进行分析，通过“接地气”的微观热点问题与经典案例窥视宏观理论，宏观与微观两个维度并行，提出具体的路径及对策建议。本书立足当下，放眼未来，着眼知识产权中的专利权、商标权、著作权等，探寻体育领域较为特别的转播权、肖像权等，更是融入前沿的虚拟形象、元宇宙、NFT等热点，让体育品牌的知识产权保护更具有前瞻性、预见性。在贴近现实生活的同时，争取拉近与未来的“视距”。本书的出版在理论上有利于完善体育品牌知识产权保护制度；在实践上有利于为中国体育品牌的可持续发展提供有力的知识产权保护支持，促进体育产业高质量发展。

本书分为六章。第一章导言主要对研究的缘起、意义、文献综述和研究方法等方面进行了阐述。第二章阐述了体育品牌的概念及分类，介绍了体育品牌知识产权保护的主要对象，主要包括体育赛事品牌、体育用品品牌、体育场馆品牌和体育明星品牌。第三章介绍了体育赛事品牌运营中的知识产权问题，并以体育赛事转播权侵权为重点，结合案例及事例进行阐述。第四章介绍了体育用品品牌运营中的知识产权保护，论述了体育用品品牌的概念，分析了当前我国体育用品品牌运营中的侵权现状。第五章运用了大量的事例及案例，分析了国内外体育场馆中的知识产权问题。第六章以体育明星品牌为主题，论述了当前体育明星品牌运营中所面临的大量侵权问题。通过上述专题式讨论，基本呈现了当前体育品牌知识产权研究的“前沿阵地”。

本书由龚韬及其课题组成员共同完成，具体分工为：全书书名、框架、思路、撰写分配、学术理论与观点等制订与把控由龚韬完成，龚韬与范珍妮对全书进行统稿、核查。第一章、第二章由范珍妮完成；第三章由张莎、侯雨波负责资料收集、初稿撰写；第四章由李佳蔚、刘莎负责案例收集、初稿撰写；第五章由王慧君、伍艾负责案例收集、初稿撰写；第六章由彭雅倩、周宗锴负责案例收集、初稿撰写。以上成员均为本书合著作者。

本书的出版得到了知识产权出版社李陵书编辑的指导与帮助，在此表示衷心感谢。

书中引用了部分专家学者的观点和资料，以及来自中国裁判文书网、北大法宝的案例。书中已经尽可能表明了出处和来源，若有遗漏，敬请谅解。囿于作者的水平，本书可能还有不少错漏偏误之处，敬请专家指正。

目 录/CONTENTS

第一章

导言

在当今全球化和数字化的时代，体育产业正以前所未有的速度迅猛发展。体育品牌作为体育产业的核心组成部分，不仅是一种商业标识，更是一种文化符号和社会价值的体现。然而，随着体育品牌的崛起和普及，知识产权保护问题也越发凸显。本章探讨研究缘起、研究意义、文献综述和研究对象与方法四部分，从宏观视角出发，回顾体育品牌的崛起和发展趋势，介绍体育品牌的重要性以及体育品牌知识产权保护的背景和意义。

一、研究缘起

（一）体育品牌强有力促进经济发展

体育品牌在体育产业中占据着举足轻重的地位，我国体育产业近年来的突飞猛进离不开体育品牌的快速崛起。体育赛事品牌、体育用品品牌、体育场馆品牌、体育明星品牌的发展都为体育品牌的发展注入了强有力的推进剂。国际上著名的体育赛事品牌有世界杯、奥运会、世界一级方程式锦标赛、NBA等，国内有影响力的体育赛事品牌有中国足球协会超级联赛、中国男子篮球职业联赛、全国电子竞技大赛（NEST）、英雄联盟职业联赛（LPL）、王者荣耀职业联赛（KPL）等。在体育赛事品牌中，涉及转播权、赞助、门票、特许商品及服务等费用的数额相当可观。新兴的全国电子竞技大赛、英雄联盟职业联赛、王者荣耀职业联赛等电子竞技类的体育赛事品牌，备受年轻人的关注，其中全国电子竞技大赛更是面向全国4500万电子竞技爱好者举行的体育品牌赛事，给体育产业带来的影响力之大是无法估量的。

除体育赛事品牌外，体育用品品牌所带来的活力也是引人注目的。体育产业的高速增长也在推动体育品牌的持续优化。根据麦肯锡发布的《2020年中国消费者调查报告》，2019年72%的城市消费者表示在积极追求一种更健康的生活方式，其中运动鞋、运动服是消费支出增长最多的前十类商品之一。[1]国产运动品牌借助体育产业发展的东风、国家政策

1　2020年中国消费者调查报告[EB/OL].(2019-12-23)[2023-06-22].https://www.mckinsey.com.cn/wp-content/uploads/2019/12//麦肯锡2020年中国消费者调查报告.pdf.

的支持、全民健身的高涨乘势赶超，李宁、安踏竞相进入体育用品品牌的第一梯队，一举摆脱十年前“去库存”，销售收入下降，被耐克、阿迪达斯等国际品牌碾压的困境。截至2021年年末，中国体育公司总市值首次突破万亿元大关，安踏集团市值突破3000亿港元，一举超越阿迪达斯，成为全球第二大运动品牌。李宁公司凭借国潮风、联名等营销策略走向世界，在全球的体育市场中大放异彩。

（二）体育品牌知识产权受到国家的政策保护

体育品牌知识产权是知识产权的重要组成部分之一，近年来备受各界关注。体育产业发展迅速，而体育品牌作为体育产业的支柱，也离不开国家的大力支持。中国的体育产业发展蒸蒸日上，并且已上升到国家战略层面。2014年10月，国务院印发了《关于加快发展体育产业 促进体育消费的若干意见》（国发〔2014〕46号），首次从体育产业的角度出发，提出要积极扩大体育产品和服务供给，推动体育产业经济转型升级。2016年10月，国务院办公厅颁发了《关于加快发展健身休闲产业的指导意见》（国办发〔2016〕77号）。同年11月，国务院办公厅发布了《关于进一步扩大旅游文化体育健康养老教育培训等领域消费的意见》（国办发〔2016〕85号）。2016年颁布的两个文件，皆强调了体育产业对于我国经济发展的重要性，并将体育产业和产品以及相关服务纳入了发展的重点目标。2019年9月，国务院办公厅发布了《关于促进全民健身和体育消费 推动体育产业高质量发展的意见》（国办发〔2019〕43号），意见中明确提出要促进体育消费新增长。体育品牌作为体育消费强有力的增长点之一，自然而然备受国家关注。2021年8月，国务院印发《全民健身计划（2021—2025年）》，计划中指出要推动体育产业高质量发展，加快形成我国特色的现代产业体系。2021年10月8日，国家体育总局颁发《“十四五”体育发展规划》，规划中明确提到将体育产业推动成为国民经济支柱性产业，未来五年的高水平高质量发展蓝图的基石是体育消费、体育产业，也计划将体育产业打造成为经济内循环背景下的重要消费新增量。

国家不仅将体育产业上升为国家战略，对知识产权的保护也逐年加强。2015年12月，国务院印发了《关于新形势下加快知识产权强国建设的若干意见》（国发〔2015〕71号），对“十三五”及未来知识产权工作进行了重大部署，体现了我国对知识产权工作的重视和支持。该意见提出，深化知识产权在重点领域的突破，加大对其的保护力度，支持全民积极创业。意见指出，到2020年，我国形成具有中国特色的国际竞争的知识产权新优势，将我国建设成国际化水平的知识产权强国。与此同时，还要进一步完善知识产权管理体制。可见，知识产权工作在我国的重要性地位得到重大提升。相继，国务院对知识产权大力重视，积极推行各类支持文件。2017年，国务院知识产权战略实施工作部际联席会议办公室印发《2017年深入实施国家知识产权战略 加快建设知识产权强国推进计划》，表明要深化知识产权领域改革，严格保护知识产权，促进知识产权创造运用。2021年9月，中共中央、国务院印发了《知识产权强国建设纲要（2021—2035年）》，这份文件从宏观上体现了知识产权领域的国家战略，并针对立法、执法、司法保护、行政保护、转化、社会环境、参与全球治理等方面作出纲领性规定。同年，国务院又印发了《“十四五”国家知识产权保护和运用规划》，规划从微观上筹划了2021年至2025年知识产权事业发展的具体施工图，指出要全面加强知识产权保护，激发全社会创新活力，起着为知识产权强国建设的开局、起步、奠基的重要作用。

显而易见，对体育和知识产权，近年来国家陆续出台了一系列支持文件，并将二者放置于国家战略层面来推进发展，给予极大重视。而在当前全球激烈竞争下，知识产权侵权问题屡见不鲜。在体育领域，知识产权侵权事件也层出不穷。

（三）对体育品牌知识产权纠纷解决缺乏专门性法律条规

体育品牌涉及范围广，涉及主体多，难免引起多个主体之间的纠纷。在体育品牌的案件中，关于知识产权的纠纷占据大部分。体育赛事品牌中的纠纷包括体育赛事转播权纠纷、体育赛事商标权纠纷、体育赛事商业秘密纠纷等；体育用品品牌中的纠纷包括体育用品的外观设计、实用新型专利、发明专利、商标、不正当竞争等方面；体育场馆品牌中的纠纷包括声、光、电、造型等设计中的权益主体归属，侵权判定纠纷等。

当前，涉及上述体育知识产权的纠纷已经非常多。通过查询中国裁判文书网，能检索到大量与上述纠纷相关的案件，但部分案件处于“模糊地带”，故个别法院生效判决存在法律适用分歧，“同案不同判”的现象时有发生。例如，著作权法中作品“独创性的认定”、虚拟数字人IP化、电子竞技直播著作权纠纷等。目前，我国《专利法》《著作权法》《商标法》《反不正当竞争法》等以单行法的形式对相应权利进行界定，这就很可能出现权利设置的冲突或者空白遗漏。因此，探讨适合于我国的体育品牌知识产权的实体法与程序法，是目前的重中之重。

二、研究意义

（一）理论意义

本书的理论意义主要在于分析我国现有的体育品牌知识产权的理论观点，从理论上对我国体育品牌知识产权制度从总到分的思路和内容进行梳理分析和讨论。从整体上对我国体育品牌知识产权制度进行分析，对体育赛事品牌、体育用品品牌、体育场馆品牌和体育明星品牌等方面进行具体梳理，并通过对我国与国外的对比以及对多个案例的分析，试图从理论上完善体育品牌知识产权的保护体系，丰富我国体育品牌知识产权的保护理论，加强体育品牌的知识产权保护力度。

（二）实践意义

首先，保护体育品牌知识产权有利于促进体育产业乃至经济发展。如今体育产业已经全球化，奥运会、足球世界杯、世界一级方程式锦标赛等国际赛事，每次举办都会引起全球的关注。安踏、李宁、特步等中国体育用品品牌风靡世界。这些知名体育品牌的知识产权地域性并不显著，有形资产和无形资产的营销并行。其次，体育品牌知识产权对社会经济的发展以及对体育本身的规模化、持续化发展有重要意义。21世纪以来，我国成功举办了2008年北京奥运会、2022年北京冬奥会，国产体育品牌“破圈”并在国际舞台上大放异彩，体育品牌知识产权在促进我国社会经济发展方面成绩斐然。同时，我国体育科学技术的不断进步和发展，推动了体育品牌知识产权保护体制的不断完善，有利于促进我国体育无形资产的开发利用，促使体育产业平稳健康发展。

三、文献综述

（一）国外体育品牌知识产权研究

现代营销学之父菲利普·科特勒在品牌的定义基础上融入了自身独特的观点，使其更全面并更具有启发性。他在《营销管理》一书中提到，品牌是一种名称、术语、符号或图案，或是它们的相互组合，用以识别某个销售者或某群销售者的产品或服务，并使之与竞争对手的产品或服务相区别。品牌从本质上看是销售方向消费者长期提供的一组特定的特点、利益和服务。他将品牌细分为六层含义。①属性：品牌最先给人带来其特定的、区别于其他品牌产品的本质特征；②利益：品牌并不局限于一组属性，属性需要转换成情感和功能的利益，即该品牌可以协助消费者解决问题并带来实际的利益；③价值：品牌不仅能传达出品牌制造商的价值观，还能给顾客提供一定价值；④文化：品牌可以蕴含和象征一定的文化内涵；⑤个性：品牌能够凸显出一定的个性，即品牌所具有的人格特征，故品牌能够吸引到实际形象与品牌形象相匹配的消费群体；⑥用户：品牌能够体现购买和使用该产品消费者的类型，产品所代表的价值、文化和个性都可以通过其用户得以体现。品牌的人格化、个性化研究也深深影响了具体的品牌实践，这为品牌差异化和情感化策略的实施提供了最为合理的理论解释。[1]

这些对品牌的定义影响着之后的学者对品牌的深入了解与思考，许多学者沿用参考了该种品牌定义。品牌管理国际先驱者——凯文·莱恩·凯勒在被誉为“品牌圣经”的著作《战略品牌管理》中，提出品牌是一种错综复杂的象征，是商品集属性、名称、包装、价格、历史、声誉、广告形式于一体的整合产品。通过品牌出现、品牌性能、品牌形象、品牌判断、品牌感受和品牌共鸣六个阶段实现强势品牌的建立。[2]他通过品牌资产模型回答如何构建品牌，为后来的学者提供了品牌管理思路。

---

1 Philip Kotler. Marketing Management: Millennium Edition[M]. Tenth Edition. Prentice Hall, 1999.

2 Keller K L. Strategic Brand Management[J]. Journal of Brand Management, 1998, 5(6):457-459.

美国市场营销协会（American Marketing Association，AMA）对品牌的定义为：一种名称、术语、标记、符号或设计，或者是几者的组合，其目的为辨识区分某个销售者或某销售者群体的产品或服务。品牌由品牌名称和品牌标志两部分构成。品牌名称指品牌中能用语言表示的部分；品牌标志是指品牌中可以被认识的部分，一般用符号、设计、独特的颜色或印字、刻字等形式表现。[1]

Patrick Bouchet、Dieter Hillairet、Guillaume Bodet在其著作《运动品牌》中提出体育品牌具有建构和传达意义的能力。体育品牌的符号能力非常强，不同于通常嵌入在特定用途中的品牌含义或行业，体育品牌是跨功能的，这是体育品牌最大的优势之一。体育品牌的特点是最有名的体育品牌经常代表整个行业，因为其成长与其所属的市场平行。[2]Patrick Bouchet等揭示了体育品牌的特点及优势，但并未对体育品牌进行定义，在书中所提及的体育品牌仅包含体育用品品牌，如耐克、阿迪达斯之类的体育用品品牌。

Matthew D. Shank认为体育用品是人们从事的体育运动涉及的器材、鞋服、场地设施等的总称。欧洲体育产业联合会曾提出体育用品是人们为参加各项体育运动而购买的产品及附件。

Mark Sableman在*Trademark Laws Underlie Sports Fortunes*中研究得出，随着美国经济的快速发展，中产阶级的不断崛起，体育运动受众人群越来越广泛，体育行业所创造的经济价值越来越大。随之，政府对体育产业市场进行了干预，制定了《美国兰哈姆法案》，该法律的实施加强了对联邦商标的保护力度，很多体育相关的企业和组织为了更好地保

1 Ringold D J, Weitz B. The American Marketing Association Definition of Marketing: Moving from Lagging to Leading Indicator[J]. Journal of Public Policy & Marketing, 2007, 26(2): 251-260.

2 Patrick Bouchet, Dieter Hillairet, Guillaume Bodet. Sport Brands[M].Routledge, 2013.

护经营商标，提高经济收入，纷纷致力于推行商标保护和许可计划，将体育标志和会徽等注册为商标，开始禁止未经许可的商标使用，结束了免费使用体育商标的历史，美国的体育业也进入了一个新的时代。分析认为，经过了几十年的商标保护，美国体育产业迅速成长，发展成为巨大的市场。美国著名学者Peter Stephenson指出，知识产权盗窃已达到“流行病”的程度，强调知识产权管理中最重要的就是确保知识产权的安全[1]。

（二）国内体育品牌知识产权研究

1.对体育品牌的研究

对于品牌的研究，早在20世纪中叶的西方国家就已经逐步开始，国内起步稍晚，但研究成果较为丰富，由于对品牌的研究已经较为成熟，笔者暂列举几个较具代表性的品牌研究理论作为本书的品牌定义。我国品牌学学科倡导人、奠基者年小山教授在著作《品牌学》中进一步提出，“品牌”是企业或品牌主体（包括城市、个人等）的一切无形资产总和的浓缩，而“浓缩”又可以以特定的“符号”来识别；它是主体与客体、主体与社会、企业与消费者相互作用的产物。从市场角度看，企业生产产品，但品牌存在于社会环境及消费者的心里，可这品牌又属企业所有。品牌是在整合先进生产力要素、经济要素条件下，以无形资产为主要经营对象、以文化为存在方式、以物质为载体、具备并实行某种标准与规范，以达到一定的目的为原则，并据此设定自身运动轨迹，因而带有显著个性化倾向的、具备优势存在基础的相关事物，它是由精神、物质、行为有机融合的统一体。[2]

从上述定义可以看出，品牌并非空洞的概念，而是承载着一定的精

1 Peter Stephenson. Aspects of Intellectual Property Management[J]. Computer Fraud & Security, 2005(5):12-14.

2 年小山.品牌学[M].北京:清华大学出版社,2003.

神内涵，并通过其载体（某项产品或服务）体现出来，不同的品牌其内涵也各不相同，体育品牌由于承载着体育运动的精神和特点而自有其独特的价值。

以“体育品牌”为关键词检索文献，从当前查阅到的与体育品牌相关的文献资料来看，国内学者也未对体育品牌这个概念做出明确的定义。匡乐华在《中国体育产业品牌扩展策略之研究》中提到了体育产业品牌，并从狭义和广义两个角度来理解体育产业品牌。狭义地讲，就是指体育产品的品牌，它具备其他经济产业产品的全部特点和属性；广义地讲，一切体育产品的商标、体育活动或比赛的冠名，都属于体育产业品牌的范畴，如“555香港—北京汽车拉力赛”、美国的NBA篮球联赛等。[1]这为国内体育品牌的相关研究提供了思路，后来部分学者认为体育品牌即品牌中的一个分支，是与体育产业相关的品牌范畴。那么与体育相关的产业，包括体育物质产品及体育服务产品品牌均可称为体育品牌。孙亮认为，我国人民生活水平不断提升，健康意识逐渐增强，消费者愿意在体育锻炼上投入更多的时间和金钱。国家实施全民健身战略，体育产业蓬勃发展，推动着国民经济的发展，引导国民的体育消费需求。而张莉斌提出，虽然体育产业近年来在我国受到越来越多的关注，成为国民经济新的增长点，但多家体育用品门店相继撤店的现实需要我们考虑体育产业的发展现状存在一定的问题，从产业结构、市场分析、营销模式到品牌都存在缺陷，需加强营销手段，并进行优化，通过研发创新以及重视品牌文化来加强体育产业的发展。还有学者提出我国体育用品行业有希望成为一个具有重大文化影响力的产业。由于科技创新的问题，我国本土体育品牌持续发展动力不足。而耐克、阿迪达斯等国际品牌科技投入大，更新换代快。中国本土体育品牌需要找准定位，加强

1 匡乐华.中国体育产业品牌扩展策略之研究[J].体育文史,2000(2):26-30.

研发能力，从而获得消费者的青睐以及加强本土体育品牌的发展。

2.对体育赛事品牌的研究

体育赛事品牌是一种特殊的品牌形式，因此它的概念也一直是众多学者议论的话题。朱长跃、唐海军等认为，体育赛事品牌是指赛事的发起方，利用设定的名称或符号来实现某项赛事的核心价值。他们仅仅从赛事品牌的表面要素去分析，所以对其定义不够全面。柴红年将赛事品牌描述为：以赛事为核心的产品，运动员在运动竞赛生产过程中的表现并被大众、媒体和公司等顾客群体接纳的独特文化内涵的符号。[1]其认为赛事品牌符号、赛事品牌文化和赛事产品等是赛事品牌组成的重要内容。若单从赛事品牌特性的角度来看，体育赛事品牌又有不同的内涵，主要是指在同一个城市定期、持续、渐进地举办大型、中型的体育赛事，并对城市发展有显著影响，且赛事的规模及其知名度随着更多运动员及体育爱好者的参与越来越大，从而形成一种品牌效应。潘建华认为，赛事品牌是一种无形资产，它是赛事外在的形象标识，随着体育赛事品牌知名度的提高，关于赛事品牌的侵权行为呈上升趋势，针对这种侵权行为应从完善体育合同法律体系，增强赛事转播主体法律约束力，构建反埋伏营销法律体系和维护明星运动员权益等方面实施有效的法律保护措施。[2]

综上所述，柴红年对体育赛事品牌概念的阐述是笔者所认同的观点。尽管赛事品牌概念的表达多种多样，但其本质属性和核心内容皆是围绕赛事活动本身展开的。符号是品牌的本质，顾客认同的品牌文化就是它的核心内容。因此，赛事品牌应该同时具备品牌的共性和赛事的特殊性。赛事品牌是以赛事为核心产品，且具备自身赛事文化的符号，并拥有运动员、赛制、赛事规则等有形产品与无形产品的资产总和。

---

1 张平，胡泯.基于体验营销的体育赛事品牌建设分析[J].吉林体育学院学报,2011,27(4):41-42.

2 潘建华.体育赛事品牌的法律保护研究[J].西安体育学院学报,2010(2):158-161.

3.对体育用品品牌的研究

在中国知网中以“体育用品品牌”为主题进行检索，共检索出941篇学术期刊、309篇学术论文、114篇会议（数据截至2023年6月23日）。但由于我国体育用品品牌的研究采用的数据较为陈旧且部分没有代表性，本书将检索时间节点设置为2015年、2016年、2017年、2018 年，文章来源类别选取核心期刊、硕博论文及国家级学术会议，故研究成果较具代表性及专业性，且研究文献较新，贴合当前时间节点，有一定的时效性。关于体育用品品牌的定义，各学者提出的观点也不外乎与体育品牌的定义重合。2015年，张颖在《我国体育用品品牌竞争力研究》中提到，体育用品品牌是指市场主体在竞争中创立的，承载着技术创新和管理创新的，区别于其他体育用品品牌，并得到市场和消费者认可的体育用品的名称或标识（标记）。国际体育用品企业间的品牌竞争，本质上是专利和商标产权的竞争，这两者是加强我国体育用品品牌竞争力的技术支撑和法律保障。[1]张颖较为全面及客观地概括了体育用品品牌的定义，并且将体育用品品牌与体育品牌区分开来，分析了体育用品品牌提升核心竞争力的要素。席玉宝曾从狭义和广义两个方面对体育用品的含义进行了阐述：从狭义层面讲，它是指专门用于体育运动的一种特殊生活消费品；从广义层面讲，它是专门从事体育活动而购买的商品的总称。陈林祥认为体育用品是体育用品企业研发、生产和销售与体育运动相关的有形产品的统称，比如运动装备、体育器械、运动鞋服等。体育用品是指具备体育运动特征的产品的统称，依据功能和用途，可以分为运动服、器材设备、体育科研测试器材、户外运动设备等。

丁浩在《中国体育用品行业发展现状与对策研究》中提出，我国体育用品品牌存在的主要问题有：①供给与需求不匹配。②产业布局不合

1 张颖.我国体育用品品牌竞争力研究[D].济南:山东大学,2015.

理。③产业政策体系不完善。④体育人才缺乏。并提出相应发展对策：①增加有效供给，加大技术投入。②重视高端市场，完善品牌设计。③完善运行机制，加强政策引导。④培养高素质人才，促进产业发展。作者角度新颖，从宏观层面提出对策，但未给出具体建议，具有一定的宏观参考意义。武传玺与时俱进地结合习近平主席提出的“一带一路”倡议，分析其给我国体育用品企业带来的机遇与挑战。这贴近实际，为我国体育用品品牌未来发展道路提供了有效理论支持。文中提出“一带一路”倡议为我国体育用品品牌带来的机遇有：①推进体育用品输出，提升体育品牌国际知名度。②深入了解沿线国家战略，提高企业研发能力。③全面拓宽企业经营范围，打造企业品牌。同时，有机遇就会有挑战，“一带一路”倡议给我国体育用品品牌发展带来的挑战有：国际体育用品企业挤兑、国际贸易保护主义的限制、其他国家的地缘风险等。作者提出相关对策有：强化企业创新研发能力，加强品牌聚焦与塑造；加速企业转型与升级，提升全球价值链地位；加强政府引导与规划，优化企业的外部环境。[1]这为我国体育用品品牌在“一带一路”倡议下的发展提供了良好的建议。薛同照从品牌竞争力角度提出，我国体育用品品牌当前的短板体现在国际知名度和认可度不高、产品研发不足、科技含量低、品牌聚焦和文化定位不清晰四个方面，就存在不足方面提出提升品牌竞争力五点建议，分别是：提高体育用品企业品牌管理水平、强化品牌标识和品牌认知、加强产品研发的科技投入、加强品牌聚焦和文化定位及契合国家体育产业发展战略。[2]谌莉细化了我国体育品牌现状的分析，从宏观和微观角度分别提出存在的问题，宏观层面有：①体育市场不够成熟，体育消费群体仍处于培育阶段。②整体体育品牌影响力较弱，品牌经营手

1 武传玺.“一带一路”倡议下中国体育用品企业面临的机遇、挑战与对策[J].首都体育学院学报,2017(4).

2 薛同照.我国体育用品品牌竞争力提升研究[J].体育文化导刊,2016(2).

段较为单一。微观层面有：①体育品牌意识不足。②体育品牌管理责任不清。③体育产品或服务的质量总体水平不高。④缺乏专门的经营管理人才和品牌管理人才。作者从宏观和微观双面剖析我国体育品牌，为后来学者对我国体育品牌现状研究分析提供参考。

孙义良对我国体育用品业品牌发展战略进行SWOT分析，并提出我国体育产业走向国际品牌的必经之路为转换发展思路与模式、重视企业的独立自主研发和知识产权、精心制定体育企业的品牌发展战略、构建体育企业的绩效评价模型，并阐述了体育企业品牌发展战略，构建了体育企业的绩效评价模型。[1]江亮以“品类定位”为视角，提出了三个步骤来为中国体育用品行业开辟品类之路。首先是根据技术创新、体育特点和消费者特点，识别体育的变化趋势，开辟新品类；其次是实施聚焦，形成以新品类为主的细分市场；最后是通过品类营销的理念和优化的营销手段，提高传播效果，赢得消费者的青睐。[2]李军岩从组织结构和技术创新两个角度探讨了体育用品企业技术创新的实质和内涵，并指出我国体育用品企业应该转变思想观念，加强文化建设，注重人才培养，加大创新资源投入，提高关键技术攻关能力，拥有自主知识产权、体育品牌和关键专利技术。

由此可见，在体育用品相关概念的讨论上，目前学术界还没有统一的界定。结合以上学者对“体育用品”含义的分析，本研究将体育用品作如下解释：体育用品是运动训练器材、运动鞋帽、运动服装等具有体育运动特点的产品的总称。

4.体育场馆品牌的研究

体育场馆的品牌是外延和内涵的统一，是社会认同、声誉的要素，

---

1 孙义良.我国体育产业品牌发展战略研究——基于体育用品业自主知识产权创新的实证分析[J].武汉体育学院学报,2010(3):34-39,60.

2 江亮.“品类定位”视域下中国体育用品业品牌打造路径研究[J].首都体育学院学报,2016(1):8-12.

包括场馆的名称、标识和提供给消费者的服务、场馆的体育设施、场馆的周边和内部环境、场馆的休闲设施、场馆服务人员的整体素质和场馆的培训项目。体育场馆品牌是体育场馆特色和服务质量的升华，能体现体育场馆的整体实力。体育场馆品牌的建设可以增强场馆在市场中的竞争力。强大的品牌可以吸引更多的观众和赞助商，提升门票销售和商业收入。体育场馆品牌的知名度和美誉度对于吸引体育赛事、演出等活动具有重要的影响力，进而会提高场馆的运营效益。同时，体育场馆品牌建设有助于塑造独特的场馆形象。有独特风格的品牌形象可以使场馆在众多同类场馆中脱颖而出，形成差异化竞争优势。品牌形象涉及场馆的设计、装修、服务等方面，通过打造独特的观众体验和服务标准，提升观众对场馆的认可和好感。此外，体育场馆品牌的建设可以提升品牌价值和商业价值。知名和受欢迎的品牌可以吸引更多的赞助商和商业合作伙伴，增加商业合作机会和收入来源。体育场馆品牌的建设对于促进地方经济发展具有重要意义。知名的体育场馆品牌可以吸引更多的游客和观众前来参观和观赛，带动当地餐饮、住宿、交通等相关产业的发展。同时，举办大型体育赛事和演出也会为当地经济带来直接和间接的经济效益，提升地方的知名度和形象。

5.体育明星品牌的研究

随着体育产业的迅速发展和全球化的趋势，体育明星品牌逐渐成为体育产业中的重要组成部分。在品牌认知上，体育明星以其卓越的运动成就、广泛的影响力和个人魅力，成为品牌代言人和推广者。他们在体育领域的成功和优秀表现吸引了大量的关注和媒体曝光，帮助品牌获得更高的认知度。消费者通过与体育明星的联结，对品牌形成认知和印象，从而增强品牌在市场中的竞争力。在品牌形象和价值观塑造上，体育明星通过自身的形象和行为塑造了品牌的形象和价值观。他们的成功、努力和团队合作等正面特质被视为品牌所拥有的品质，从而赋予品牌积极的形象和价值观。体育明星的品牌形象传递了品牌的核心理念和价值，帮助消费者建立与品牌的情感连接。在市场推广与销售增长上，体育明星的参与和代言为品牌带来了更多的市场推广机会，提升了品牌的曝光度和影响力。他们可以通过广告、宣传活动、社交媒体等渠道传播品牌信息，吸引消费者的关注和购买。研究表明，体育明星的参与可以显著增加品牌的销售额和市场份额，推动品牌的增长和发展。在品牌合作与赞助上，体育明星的知名度和影响力吸引了众多品牌的合作和赞助。品牌通过与体育明星的合作，借助他们的形象和影响力来提升价值和知名度。体育明星的赞助合作为品牌带来了巨大的曝光机会，并在消费者心目中形成对品牌的认可和好感，促进了品牌的成长和市场份额的扩大。

当前学者们主要关注体育明星品牌四个方面。一是体育明星品牌在市场上的影响力和商业价值。通过分析体育明星的知名度、社交媒体影响力、粉丝关注度等指标来评估体育明星品牌的市场价值。体育明星品牌对于品牌推广、产品销售和赞助合作具有显著的促进作用，能够吸引更多的消费者和赞助商的关注和投资。二是体育明星品牌的形象塑造和品牌建设策略。体育明星的形象塑造是建立品牌认知和认可的重要环节。通过体育明星在媒体中的呈现方式、形象定位和品牌故事等，可以了解体育明星品牌形象塑造的策略和效果。同时，他们还研究了体育明星品牌在社交媒体和数字平台上的推广和传播方式，探索了新兴媒体对体育明星品牌建设的影响。三是体育明星品牌的管理和维护。体育明星品牌需要进行有效的管理和维护，以保持其商业价值和品牌形象的稳定。在体育明星品牌的危机管理、品牌延伸和合作伙伴关系等方面，提出了相关的管理策略和实践建议。学者们也关注体育明星品牌的可持续发展和长期价值的构建，探讨了体育明星品牌管理的长远规划和战略。四是体育明星品牌对社会和文化的影响。体育明星作为社会和文化的代表，他们的形象和行为对社会价值观和文化传承具有深远影响。研究者们研究了体育明星品牌在社会责任、公益事业和文化传播等方面的作用，探索了体育明星品牌对社会影响力的可持续发展。

6.对体育品牌知识产权基本理论的研究

张玉超在《我国体育知识产权的基本法律问题研究》中，分析了体育知识产权的概念、主体、客体、法律特征、运用方式、未来发展走向等基本理论问题。其对体育知识产权概念进行了界定，提出知识产权是经济发展的战略资源，自主知识产权被认为是中国企业的核心竞争力。体育产业是经济发展的重要领域，属于朝阳产业，正逐步成为中国经济发展的重要领域，体育知识产权将成为我国体育产业发展过程中的战略资源。

关于体育赛事品牌知识产权的研究。体育赛事品牌作为一种综合性的无形资产，是体育赛事自身文化、精神内涵与品牌符号或其他标识的结合。在目前的实践中，侵犯体育赛事品牌知识产权的现象频频发生，理论上也在不断总结侵犯体育赛事品牌知识产权的类型，有学者认为，大致可以分为四种类型：第一，体育赛事赞助合同侵权。主要是指体育赛事的赞助方对体育赛事品牌所实施的侵权行为。我国目前没有对体育赞助、冠名权进行规制的法律规定，导致赞助方在违约时，体育赛事品牌的权利主体无法运用法律法规保护自身的合法权益。第二，体育赛事转播权侵权。主要是指因为新闻传播机构在没有取得转播权授权的情况下，体育赛事转播的行为对体育赛事品牌价值造成了一定程度的损害。第三，埋伏营销侵权。是指商业主体在未取得赛事承办方授权的情况下，滥用体育赛事的品牌，使消费者误以为它是体育赛事赞助商的侵权行为。第四，对体育赛事运动员的肖像权进行侵权的行为。即通过一定的方式对体育赛事中的运动员肖像权进行侵权的行为。理论上普遍的观点认为，侵犯运动员肖像权的行为，不仅损害了运动员自身的权益，也会使体育赛事的品牌价值受到影响。[1]本书探讨体育赛事品牌知识产权时，聚焦于体育赛事转播权。

体育赛事转播权主要是指体育组织和体育赛事主办单位正式举办比赛和表演时，准许他们利用电视台、电台、网络新媒体对体育赛事进行实时直播、转播、录像，并从中获取相关报酬的权利。从产权的角度入手，“体育赛事转播权”的所有者——体育赛事组织、运动员组织对其拥有的所有权、支配权、使用权、收益权和让渡权进行市场开发。涉及在《体育法》中对体育赛事转播权的规定，张玉超提出体育赛事转播权的法律性质分为两部分，一个是体育赛事转播权本身，包括运动技能表演类的项目和体能类的项目，前者如艺术体操、花样滑冰等可以归为著作权，后者没有预演脚本不能归为知识产权，像国际奥林匹克委员会（以下简称国际奥委会）组织比赛有一定知名度后就有商业价值，可以把它归为商品化权，属于固定资产，给予举办者或者举办单位应有的权益，以促进我国体育赛事的可持续发展；另一个是体育赛事转播过程中形成的节目的法律性质，也就是体育赛事节目这块，应将其归入知识产权，作为《著作权法》的类电作品（即以类似摄制电影的方法创作的作品）进行保护，以对我们的体育事业发展起保护作用。[2]

体育赛事转播权的保护，是指法律对体育赛事中利用现代高科技手段加工、传输体育赛事画面时所增加的经济利益进行保护。体育赛事转播已经成为体育赛事不可或缺的一部分。现阶段，基本上所有的大型体育赛事都会进行转播。在转播过程中原始体育赛事的画面、声音被转播方通过高科技加工、剪辑、组合，并配以特定的音频呈现在观众面前。而现行著作权法对体育赛事的“转播权”并没有明确的定义，因而存在

1 龚韬,彭平,何炼红.体育赛事品牌知识产权保护之解构与重塑[J].武汉体育学院学报,2021,55(2):39-45.

2 林小爱,刘丹.体育知识产权若干热点问题研讨会综述[J].武汉体育学院学报,2018,52(2):26-31,63.

体育赛事节目知识产权保护的漏洞。与体育赛事转播有关的法律关系存在不确定性，使得对体育赛事转播方面的知识产权保护变得困难，节目所有者的创意权利保护困难，节目类型存在跟风和扎堆的趋势。[1]

关于体育用品品牌知识产权的研究。在专利领域中，尹龙从运动服装专利的视角对中外体育用品企业作了对比分析，结果发现，我国企业技术创新合作网络密度较为稀疏，企业间开展合作交流的机会较少，专利研发主要是以实用新型专利和外观设计专利为主，专利价值不高，专利质量明显低于其他国际体育用品企业。王骏利用专利地图的方法从国际足球专利技术研发的时间和空间分布、类别特点、技术范围等指标探索了国际足球专利技术的研发脉络，研发热点和未来的发展趋势。司虎克对阿迪达斯公司的专利技术分布特征及集群的发展路径转变进行了系统的分析和归纳。王磊采用文献计量分析方法和社会网络分析法对美国耐克公司的专利文献信息进行了深入的分析。结果发现，美国耐克公司近三年在体育用品领域的专利申请速度逐步加快，在北美、亚洲体育用品消费市场中的专利申请比例持续加大。陈君认为我国体育用品企业的运动鞋发明专利占比较少，专利技术主要是以外观设计专利和实用新型专利为主，运动鞋专利价值低下、质量不高、专利技术研发人才严重缺失、团队合作意识不强、仍然处于运动鞋核心专利技术研发的边缘。钟华梅以我国13家体育用品上市公司2007—2014年申请的专利数据为样本，研究了专利与企业盈利能力之间的相互关系，发现专利技术较好的企业盈利能力比专利技术较差的企业要高。明宇对阿迪达斯的专利技术进行了研究，结果发现，其专利技术主要分布在亚洲和北美洲，以运动鞋和运动器材专利为主。殷鼎对1985—2007年我国体育专利发展历程进行了梳理，1985—1992年是我国体育专利缓慢发展阶段；1993—2000

---

1 周正宏.新媒体时代体育赛事节目的知识产权保护研究[J].西安体育学院学报,2018,35(4):400-405.

年是我国体育专利稳步提升阶段；2000年以后是我国体育专利快速发展阶段。目前，我国体育专利研发主要存在的困境是体育专利科研人才稀缺，体育专利成果转化效率较低。张建华对我国体育院校的专利信息现状和未来发展趋势进行了解析。陈君通过构建专利质量综合评价模型，对中美篮球体育用品专利质量综合指数进行了深入的探讨。张元梁通过专利文献计量分析方法对国际网球专利技术领域展开了系统分析。邢双涛运用CiteSpace Ⅱ可视化分析软件对国际羽毛球专利技术的研发时间、学科领域、专利权人、发明人、热门技术领域及关键技术的分布特征等以图谱的方式进行了呈现。周召勇、吴永祺基于新的专利竞争力评价模型，对国内外体育用品上市企业的中国专利竞争力进行研究，研究认为企业专利竞争力是指企业利用专利这一特殊资源，不断获得竞争优势的能力；研究建议国内企业需要重视研发、协调提高三类专利的数量和质量以及加强专利的整体竞争力。[1]宋亚刚在《基于专利视角的我国体育用品企业技术创新能力评价研究》中对体育用品企业的概念进行界定，认为技术创新引领产业发展是中国体育用品企业未来健康快速发展的必然趋势。作者客观、科学地衡量了中国体育用品企业的创新能力水平，认为存在多种因素制约着中国体育用品企业创新能力的快速提升。[2]张元梁等学者通过专利分析，研究涵盖了德温特创新指数专利检索数据库（DII）中的1694项耐克专利，借助Bibexcel、CiteSpace Ⅱ等软件，分析耐克公司的专利技术的发展特点，得出耐克公司的研发团队具有非常高的合作密度，在每个技术开发领域都有自己专门的研发组织，显著提高

1 周召勇,吴永祺.体育用品上市企业的专利竞争力研究[J].体育文化导刊,2017(5):131-136.

2 宋亚刚.基于专利视角的我国体育用品企业技术创新能力评价研究[D].上海:上海体育学院,2017.

了研发效率。[1]

关于体育场馆品牌知识产权的研究。对于体育场馆品牌知识产权方面的探讨，集中于研究体育场馆品牌的冠名权。体育冠名权，也叫作体育冠名赞助。它是指企业向体育部门、体育组织等提供资金赞助，而获得对体育赛事、体育场馆等命名的权利，是一种商业行为，是市场经济条件下，体育场馆吸收社会资源的重要途径，是减轻体育场馆运营财政负担的市场化手段。体育场馆冠名权可以理解为在以开展体育活动为主要目的的场地、建筑物前加以冠名人名称的权利。即以体育场馆为基体，冠以商业主体的名称。冠名作为一种合作渠道，基于经济融资功能和媒体传播功能，冠名人借此传播，物权所有者借此收益获利，进而体现商业价值中的物尽其用、互惠互利的合作模式，是市场发展到一定程度的必然产物。体育场馆冠名权的受让人为冠主，冠主并非体育场馆的所有者或者使用者，而是冠名主体的名称；在民法中要求姓名权与其指定的事物必须为同一主体，合二为一。体育场馆冠名权中的冠名与名称权或姓名权存在实质上的区别。在客体上，体育场馆冠名权的客体是冠名或者命名上，客体不是场馆本身，不属于物，这与姓名权、名称权类似，与物权具有明显的区别，物权的客体为物，而冠名权则不是。体育场馆冠名一般由“冠主名称+场馆名称”组成，即冠主名称、商标、企业名称等冠主名称，与体育场馆固有名称一起构成冠名名称。姓名权和名称权则是完整的指向名称和姓名，不存在组合名称。[2]

关于体育明星品牌知识产权的研究。对于体育明星品牌知识产权，本书侧重于探讨其中的形象权与商标权。体育明星的肖像和姓名都可以

---

1 张元梁.中外体育用品专利质量对比研究——以运动鞋相关专利为例:2015年中国体育产业与体育用品业发展论坛文集[C].福建:中国体育科学学会、中国体育用品业联合会,2015.

2 廖钰珊,蒲毕文.体育场馆冠名权概念及法律属性分析[J].广州体育学院学报,2013,33(5):45-49.

注册为商标。以肖像注册的图形商标中，一般都对肖像载体进行了加工处理，如对个人肖像进行模糊处理，对个人肖像进行艺术手段加工等，此种情形下，肖像的可识别性判断较为复杂，有很多的问题值得研究。由于姓名与商标在功能上的内在一致，二者具有天然的关联性，将姓名注册为商标成为利用姓名的普遍现象，特别是具有一定知名度的自然人的姓名。将体育明星的姓名注册为商标，不仅可以利用其已经形成的市场知名度和影响力，节省大量、长期的前期推广投入，而且在市场中体育明星的姓名具有的精神感召力可以转变为购买号召力，使大众更愿意购买该商品或服务，为企业创造更多的经济利益。因此，企业为了使自己的产品或服务快速获得市场认知，获取经济利益，往往直接将体育明星的姓名抢注为商标。未经体育明星许可，将体育明星姓名抢注为商标，不仅侵害了体育明星的在先姓名权，也容易混淆商品来源，让公众误以为商品与该体育明星之间存在代言或者其他特定联系，损害了体育明星和消费者的合法权益，扰乱市场经济秩序。[1]

四、研究对象与方法

（一）研究对象

本书就体育品牌中的体育知识产权的若干问题的法律属性进行探讨，包括体育品牌与知识产权、体育知识产权的相关问题；体育赛事品牌知识产权的相关问题；体育用品品牌的相关知识产权问题；体育场馆品牌中的知识产权的相关问题；体育明星中的知识产权保护相关

1 张惠彬,郑丹.商标法视野下体育明星姓名权保护之困与纾解之道——以“乔丹商标案”为切入点[J].天津体育学院学报,2020,35(5):581-586.

问题等。

（二）研究的分析方法

1.理论分析法

理论分析法是在感性认识的基础上，通过理性思维认识事物的本质及其规律的一种科学分析方法。它在本书集中体现在将体育品牌知识产权分解为多个组成部分、特征、属性、关系等，再从本质上加以界定和确立，进而通过综合分析，把握其规律性。其具体表现为体育品牌知识产权为理论上的概念，故对概念的分析也应当先从理论本身展开。体育品牌知识产权涉及体育品牌与知识产权领域，并以后者为重点。故在研究之时，将对现有知识产权理论以及体育知识产权理论的现有观点进行梳理，试图总结出体育品牌知识产权的基本理论体系，并从此理论体系出发，找到解决或规制体育品牌知识产权的具体方法以及具体可行性规范。

2.规范分析法

现阶段，对于体育知识产权的探讨多体现在理论层面。在现实生活，解决体育品牌知识产权纠纷事件的过程中，针对具体适用的法律规范，同一件案例有不同的判罚方式，存在一定探讨的必要性，还有大量可讨论的空间。因此，本书将通过对案例和与体育知识产权有关的法律规范结合的理解与解释，运用《体育法》《著作权法》《商标法》《专利法》《反不正当竞争法》等进行研究，探寻法律适用过程中具体规范对体育品牌知识产权的理论影响，并将其与理论探析相结合。

3.综合比较分析法

当前，体育知识产权已经成为一种特殊类型的产权。本书将主要通过横向综合比较，比较中国与国外发达国家如美国、日本、德国等，对体育品牌知识产权的保护状况进行分析，针对性分析我国体育品牌知识产权保护体系方面存在的相关问题，由此获得新的认识和结论。

（三）研究的具体方法

1.文献资料法

文献资料法即通过互联网检索和查阅与体育品牌、体育知识产权相关的国内外文献、著作、会议、案例等。在中国知网学术文献网络出版总库，以“知识产权”为关键词进行搜索，共查到25万余篇，其中学术期刊有16万余篇（截至2023年6月）。以“体育”和“知识产权”为关键词进行搜索，共查到文献记录2000余篇；以“品牌”和“知识产权”为关键词进行查询，检索到7000多篇学术期刊（截至2023年6月）。但细化为“体育品牌”和“知识产权”进行检索后，发现所能查询到的文献不多，数据库中不足100篇。此外，在Science Direct、Web of Science、Google Scholar、Research Gate和CALIS等外文数据库，以“Intellectual Property”“Sport”“Brands”等作为关键词进行检索，摘选与本书研究内容相关的文献资料，进行集中的阅读和分析，找到文献之间的不同并进行对比分析，利用文献资料为本书的研究提供理论基础。此外，在中国裁判文书网等相关平台上获取官方的法律信息。

2.访谈法

通过参加线上或线下相关学术会议、学术活动、走访相关行政管理部门、拜访高校专家等方式，对国内外体育领域与知识产权领域研究理论和从事实务的专家以及社会各界人士进行了访谈。这些访谈为本书提供了体育知识产权保护相关问题的现实材料。

3.案例法

通过中国裁判文书网、最高人民法院、国家版权局、国家知识产权局商标局、人民法院知识产权审判网、北大法宝等权威平台，选取部分国内和体育品牌知识产权具有强关联的、有代表性的个体、群体和组织的案例进行调查分析。此外，通过世界知识产权组织、全球外观设计数据库、欧洲专利局、美国专利商标局、智慧芽、佰腾网、粼局、IncoPat、合享数据库等平台进行检索，搜寻国外体育品牌侵权的案例，并通过分析与整理，对比研究这些案件在该国法律体系下的判决，力求研究其立法、司法、执法的全过程，并与我国相比较，为我国提供一定的借鉴作用，也为本书提供实践支撑。

4.数理统计法

通过Excel 2010，收集和整理体育品牌专利文献各指标数据，制作中外体育品牌专利和器材专利的申请年度分布图，并对选取的专利特征指标，进行相关性验证分析和图表制作。

第二章

体育品牌中的知识产权概述

中国体育产业正迎来蓬勃发展的黄金时期，成为国家经济和文化发展的重要引擎。在这种充满活力和机遇的环境中，中国的体育品牌也日益崭露头角，展现出强大的创造力和市场潜力。然而，随着体育品牌的兴起和壮大，保护知识产权的重要性也日益凸显。本章笔锋一转，聚焦体育品牌概述、知识产权概述、体育知识产权的渊源。我们将探讨体育品牌知识产权保护的法律框架和政策，并用具象的方式，通过数据图标呈现分析国内外代表性体育品牌商标和专利申请技术、类别、地域等。

一、体育品牌概述

（一）品牌的定义

“品牌”一词源自古斯堪的纳维亚语“Brandr”，寓意为“燃烧”，指的是生产者燃烧印章烙印到产品。在19世纪以前，品牌往往等同于商标。20世纪初，品牌在商业竞争中的优势和作用不断被发现，随着全球经济一体化时代的到来，品牌早已不再被等同于商标，而是被赋予了更加深远的意义。在《牛津大辞典》中，品牌被解释为“用来证明所有权，作为质量的标志或其他用途”，即用以区别和证明品质。《品牌评估—品牌货币价值评估要求》（ISO 10668—2010）对品牌的定义为：“与营销相关的无形资产，包括但不限于名称、用语、符号、形象、标识、设计或者其组合，用于区分产品、服务和（或）实体，或兼而有之，能够在利益相关方意识中形成独特印象和联想，从而产生经济利益（价值）。”

品牌是用以识别销售者的产品或服务，并使之与竞争对手的产品或服务进行区别的商业名称及其标志，常由文字、标记、符号、图案和颜色等构成。现在品牌已经上升到代表企业形象、服务、理念等层面，成为企业文化的象征。滕飞认为品牌是企业赖以生存和发展的基石，在激烈的市场竞争中，品牌是需要企业长期维系的核心竞争力，更是企业无形中对消费者的一种承诺，这种承诺只有保持一定的稳定性和连续性，企业才能延续发展。在现代市场情况下，品牌由最初狭义范围内的文字、标记、符号、图案、颜色等逐渐引申到广义范围内的企业形象、服务、理念、文化等高层次的精神象征。

品牌是在一个经济层面上的，是一种综合商品服务、文化价值的无形资产，具有经济价值，本质上表示品牌拥有者的产品服务等优势能够给消费者带来有益的价值。企业在创造品牌的时候也在影响企业本身的时尚、文化、价值，品牌是一种商品上的标志，由名称、符号、标记、图案设计等组合构成，通过品牌，可以区分不同企业的产品和服务。品牌的产生需要同时满足具有生产以及经营技术、存在成熟开放的市场、拥有健全的法制体系、发达的传播媒介四个基本条件。品牌的基础和核心是优质商品，品牌需要卓越的品质以及文化内涵，既满足人们的物质需求也为人们带来精神享受，才能赢得消费者认可和偏好，获得长久的竞争力。

综上所述，品牌指的是以名称、符号、标记、图案设计等组合为载体，构成对行为、听觉、视觉等方面识别的标准及规则，代表着商品或服务的综合品质，同时给消费者带来主观感受的一种特殊的具有经济价值的无形资产。

（二）体育品牌的定义

随着我国体育行业的蓬勃发展，众多国际知名体育品牌纷纷进入中国市场，抢占市场份额，使本土体育品牌面对较大的竞争压力。激烈的体育市场竞争，扩大了消费者的选择，推动了消费者的购买欲望，也营造了体育品牌优胜劣汰的商业生态，加速了体育产业高质量发展。从形式来说，体育品牌是指可以用来识别体育器材设备以及运动服饰的名称、标记、图案的组合。从本质上说，体育品牌不仅是一种表象符号，更代表着体育产品及服务的内涵，是传递企业文化且影响了消费者选择与情感的一种特殊无形资产。商标作为体育品牌的标识符号，具有独特性和识别性，对品牌价值和形象的塑造至关重要。

高希生、阁宝成在《体育品牌的内涵及外延探析》中探究了体育品牌的外延含义及分类。作者提出按照品牌的一般理论，在体育产业领域中，只有体育产业领域内具有高知名度、高认可度，并且被广泛群体所认可的品牌方可称作体育品牌。作者将体育品牌加以分类，使体育品牌格局更加清晰。作者将体育品牌细分，根据属性的不同将体育品牌分为三个大类，分别为：①体育核心产业品牌，包括体育赛事品牌、体育运动员品牌。②体育支持产业品牌，包括体育用品品牌、体育设施品牌。③体育外围产业品牌，包括体育旅游品牌、体育经纪品牌。[1]

综上所述，本书将体育品牌分为体育赛事品牌、体育用品品牌、体育场馆品牌和体育明星品牌，并在下文进行阐述。

二、知识产权概述

（一）知识产权基本含义

科学和技术大量融入体育行业，推动其迅速发展。我国的体育越来越专业，科技含量也逐渐增加，我国在各类体育竞赛中也取得越来越优异的成绩。伴随着体育产业出现的各种知识产权能给权利人或者经营商带来巨大的经济效益，这势必会导致很多不法分子对其非法利用，极大损害国家和人民应有的利益。为了鼓励世界各国人民积极参与体育活动，激发自身的体育潜能，保证体育事业的稳步发展，各国都需要努力构建一套系统的体育知识产权保护体系。

当前，我国在体育知识产权研究方面尚处于起步阶段，这方面的概念界定还比较模糊。杨年松将体育知识产权分为体育版权和体育产权两

1 高希生,阎宝成.体育品牌的内涵及外延探析[J].体育文化导刊, 2005(12):9-11.

部分，即在一定的时间和区域内在体育领域创造的智力成果和精神财富的独占权利。[1]此外，其他学者也开始对体育知识产权进行探索和研究。研究者马小华、李开广有自己独到的见解，他们对体育知识产权这个称谓并不满意，而是将其表述为和体育有关的智力劳动成果；国家、自然人和法人都依法享有其经营的权利。[2]另一位研究者张厚福对体育知识产权的客体做了概括。对于体育知识产权的主体，李志斌等人对其进行研究总结，表明其主体法人为国家、体育赞助的企业和个人以及体育组织者和工作者。马法超和其他一些学者却觉得，体育知识产权也可以是具象化的，与其他类型的智力成果权相比，其并没有太大的差异，但是其特征值得进一步探索和研究。

关于“知识产权”，20世纪60年代缔结的《成立世界知识产权组织公约》（简称WIPO公约）中使用了“Intellectual Property”一词。我国台湾地区将其翻译为“智慧财产权”。著名的比利时法学家皮卡第提出的学说在国际上广泛传播，受到许多国家和国际组织的承认。他提出知识产权是一种特殊的权利范畴，它不同于对物的所有权。所有权随着物的产生与毁灭而发生终止，原则上是永恒的，但知识产权除外。知识产权受时间限制，一定对象的知识产权在保护期限内只允许属于一人（或一定范围内的人——共有财产）。

知识产权权利属性具有多元性，故不同权利属性下的知识产权定义也具有多元性。知识产权的定义方法主要分为两种，一为列举主义，二为概括主义。列举主义方法普遍适用于知识产权国际条约。其具体定义方法是分别列举不同知识产权国际条约中所规定的知识产权类型。由于不同知识产权国际条约中所规定的知识产权类型不尽相同，所以，列举主义的知识产权定义并不相同。我国法学界主要采取概括主义方法来说

1 杨年松.体育无形资产初探[J].体育学刊,1999,2(22):77-78.

2 马小华,李开广.体育知识产权法律界定刍议[J].首都体育学院学报,2003,15(2):8-10.

明知识产权的概念。但概括主义的知识产权定义也没有取得一致看法，而是存在概念分歧。知识产权定义的多元化，往往也是产生知识产权其他问题和分歧的根源或者起源。

（二）法律渊源

知识产权实行权利法定原则，规定和产生知识产权的法律渊源不是单一的， 而是多元性的。它既包括国内制定法，也有国际公约等；既存在私法规范，又有公法规范；既包含实体法规范，也包含程序法规范。由此，知识产权规范中包含着多重法律性质的多种规范，整体上是实体法和程序法两类的综合表现。现代知识产权法已是门类众多、权项庞杂的规范体系，而不是单一性质的法律规范。知识产权具有的多元性法律渊源的特点，引发了对知识产权法性质的不同看法和分析。

知识产权法律关系产生于知识产权法律渊源的调整。随着各种法律制度的出台，知识产权的定义和特征也发生了变化，形成多样化的知识产权法律关系。知识产权法的调整使得知识产权关系变得更加复杂多样。在知识产权的法律关系中，既囊括了平等主体之间基于知识产权的产生、变动、行使和消灭而发生的法律关系，如著作权许可使用合同关系、专利权许可使用合同关系、注册商标专用权许可使用合同关系等，还包含了非平等主体之间基于知识产权而发生的知识产权法律关系，如行政机关在对知识产权进行授权、确权及行政管理过程中产生的行政法律关系；既包括实体性内容的知识产权关系，如对著作权内容、专利权内容、商标专用权内容的规定等，还包含了程序性的知识产权关系，如专利审批、商标注册程序等法律关系；既包括国内知识产权法律关系，也包括涉外知识产权法律关系、国际知识产权法律关系，如《知识产权协定》《保护工业产权巴黎公约》《商标国际注册马德里协定》等。

（三）知识产权的范围

知识产权范围（类型）具有多样性，不同知识产权类型的内容和权利具有复杂性。知识产权呈现出一种正三角形的图像，其概念位于该体系图像的顶端，上层概念位于知识产权体系的最高层，即知识产权的概念涵盖了所有的具体类型。在知识产权概念之下，涵盖着作为其下位概念的位于不同层次、不同级别的知识产权类型。在知识产权概念之下的次一级类型主要为著作权、专利权、商标权以及集成电路布图设计权、地理标志权等。而且上述不同知识产权类型之下，又包括了分类更细、种类更多的更次一级的知识产权类型。针对复杂多样的不同层次、不同级别的知识产权类型，知识产权法对知识产权内容或者权能实行了知识产权法定原则，即针对不同知识产权类型，分别具体规定了不同类型知识产权的各自内容或者权能，且不同类型知识产权的内容或者权能具有明显差异性、差别性和独立性，形成知识产权法。确定知识产权权利内容或者权能的特有立法机制和立法技术，与民事立法规定一般民事权利的内容或者权能的立法机制和立法技术存在明显区别。民事立法对于一般民事权利内容或者权能的规定采用了高度概括的立法技术，对一般民事权利内容或者权能通常不作立法上的详尽规定。如我国《著作权法》对著作人身权、著作财产权的类型及各自内容或者权能作出了非常详细的列举规定。从知识产权立法对不同知识产权类型内容或者权能的规定分析，可见不同知识产权类型的内容或者权能规定的明显多样性和复杂性。

（四）知识产权的特征

知识产权是人类知识产权活动的产物，需要依法加以保护。知识产权具有以下特点：①无形性。知识产权是智力活动的结果，是无形的，需要通过各种载体来体现，如纸张、商标徽标和各种文档。正是由于无形性，它被侵权的可能性提高了。②专有性。也称排他性、独占性或垄断。这意味着只有作者、发明者、发现者和其他权利拥有者对其知识成就拥有专有权。除非权利持有人同意或法律另有规定，否则任何人都无法享有这项权利。知识产权的排他性决定了一项发明、商标或作品仅具有一项知识产权，并且与该发明之前或之后的发明或商标相同的任何此类发明或商标将无法再获得。③时间性。知识产权仅在保护的法定期限内有效，并且保护期限后的权利被终止。根据中国现行法律的规定，版权保护期限为作者一生及其死亡后50年，发明专利保护期限为20年。④地域性。地域性是指一个国家或地区授予的知识产权，仅在一个国家或地区的管辖范围内有效，而在另一个国家或地区无效。例如，一项发明专利只能在授予专利的国家/地区得到承认，并受该国/地区法律的保护，而另一个国家/地区没有保护该发明专利的义务。⑤可复制性。也称为工业可复制性。这意味着知识产权保护的对象具有有形的载体并且可以重复复制和再利用，如影音产品、书籍。

三、体育知识产权的渊源

（一）基本定义

体育知识产权，是指体育领域相关权利主体在一定期限内对其所创作的智力劳动成果享有的专有权利。结合《成立世界知识产权组织公约》，体育知识产权的外延可以界定为：关于体育文学、艺术和科学作品的权利；关于体育相关主体的演出、录音和广播的权利；关于人们在体育相关领域发明的权利；关于体育科学发现的权利；关于体育产业设计的权利；关于体育领域商标、服务商标、体育名称和标记的权利；关于体育领域制止不正当竞争的权利；在体育产业、科学、文学或艺术领域里的一切来自知识活动的权利。

（二）法律渊源

国际上对体育知识产权的规定最早出现在对奥林匹克标志的保护方面。1978年，《奥林匹克宪章》对奥林匹克会徽保护进行了专门规定。在该宪章第8—14条中界定了奥林匹克五环标志、会旗、格言、会歌、识别（包括但不限于“奥林匹克运动会”和“奥林匹克夏季运动会”）、徽记、圣火和火炬之一或其组合被称为“奥林匹克财产”。国际奥委会享有对这些财产的所有权利以及使用权利。1981年通过的《保护奥林匹克会徽内罗毕条约》是体育知识产权领域出现的第一部专项条约。该条约对奥林匹克会徽的保护进行了详细规定，我国已加入《奥林匹克宪章》《保护奥林匹克会徽内罗毕条约》，这些已经成为我国体育知识产权保护的国际渊源。

对体育知识产权的保护可以追溯到《体育法》。此外，《专利法》《著作权法》《商标法》以及《非物质文化遗产保护法》也都可以从不同的角度为体育知识产权的不同客体提供相应的保护。我国对体育知识产权的保护始于奥林匹克运动的发展。由于奥林匹克运动的特殊影响，我国对奥林匹克运动在知识产权方面进行了特别立法。早在1996年，国务院已经颁布了《特殊标志管理条例》，使奥林匹克标志受到了双重保护。2001年，北京市颁布了《北京市奥林匹克知识产权保护规定》，并于2002年生效。2018年6月，国务院公布修订后的《奥林匹克标志保护条例》（以下简称《条例》），自2018年7月31日起施行。《条例》将北京2022年冬奥会、冬残奥会有关标志纳入保护范围并进一步加强保护。《条例》明确，国家知识产权局和国家市场监督管理总局负责全国的奥林匹克标志保护工作。根据《条例》，借鉴2008年北京奥运会成功举办的经验，国家知识产权局、国家市场监督管理总局联合制定出台了《北京2022年冬奥会和冬残奥会奥林匹克标志知识产权保护专项行动方案》。该行动方案全面充分有效地保护了奥林匹克标志知识产权，大力宣传和普及奥林匹克标志保护知识，提升全社会知识产权保护意识，将日常监管与专项治理相结合，快速反应、及时处置，严厉打击涉奥林匹克标志侵权假冒违法行为，为北京冬奥会、冬残奥会顺利举办营造良好环境和氛围。

除了对奥林匹克运动的特殊保护，我国在近年来举办的各种大型体育赛事上都体现了对体育知识产权保护的重视。在2005年10月举行的第十届全运会前颁布了《中华人民共和国第十届运动会票务管理办法》《十运会名称、会徽、吉祥物等特殊标志保护及使用管理规定》。这一系列行政法规和地方性法规均可以体现出我国对体育知识产权的保护。南京市政府于2010年年底颁布了《南京市青年奥林匹克运动会知识产权保护规定》，并于2011年1月1日起施行；湖北省政府颁布的《湖北省第七届世界军人运动会知识产权保护规定》于2019年4月开始施行。为确保杭州亚运会顺利举行，2020年10月27日浙江省人民政府令第382号公布《浙江省第19届亚运会知识产权保护规定》，并自2021年1月1日起施行。该规定增加了对侵犯杭州亚运会知识产权行为的规制，并进一步延伸保护范围，将利用隐性营销等打"擦边球"行为和擅自进行直播、转播等不正当竞争行为列入了侵权行为。这对加强亚运会知识产权保护、维护亚运会知识产权权利人的合法权益、保障和促进亚洲奥林匹克运动持续健康发展具有重要意义，也是大型体育赛事知识产权保护立法的必要路径，为保护杭州亚运会知识产权提供了重要的法律依据。第31届世界大学生夏季运动会于2023年7月在四川成都举行，2020年11月26日《成都第31届世界大学生夏季运动会知识产权保护规定》正式施行，2023年4月24日，四川省市场监督管理局办公室印发了《成都第31届世界大学生夏季运动会特殊标志知识产权保护专项行动方案》，全面充分有效地保护世界大学生夏季运动会特殊标志和涉外商标知识产权，大力宣传和普及世界大学生夏季运动会特殊标志的保护知识，提升全社会知识产权保护意识。

（三）体育知识产权范围

体育知识产权的保护对象，也就是体育知识产权的客体，或者是体育知识产权的标的，是人们在体育领域中所创造的智力成果和工商业标记。不同于物权的客体，物权的支配对象是具体的物，即有体物，能够为人的感觉器官所感知，并能够为人所控制的物。体育知识产权的客体是智力成果、商业标记和经营性信誉，是一种无形的精神财富、智力成果和商业标记。它不具有物质形态，不占据一定的空间，是人们看不见、摸不着的，在客观上无法被人们实际占有、控制的无形财产。[1]体育知识产权的本质是一种无形财产权，其包括体育活动项目、体育学、体育科学技术、体育产品、体育器材器械、体育实验机构等领域，该领域权利主体的发明、文学与艺术作品、产品、名称、口号、标志、图像、吉祥物、会徽、会歌、会旗、荣誉等，应作为专利、商标、著作权、商业秘密等不同形式的知识产权予以保护。

笔者认为我国体育知识产权客体包括体育赛事转播权、体育著作权、体育专利权和商标权、体育明星肖像权等方面。因此，本书重点针对体育赛事品牌中的转播权、体育用品品牌中的专利权和著作权、体育场馆品牌的冠名权和体育明星品牌的肖像权等方面的知识产权保护问题进行研究。

（四）体育知识产权特征

1.非物质性、专有性、地域性

体育知识产权与一般的知识产权一样，具有非物质性的典型特征。知识产权保护的客体是精神财富，非物质性是知识产权的本质属性。体育知识产权也具有专有性。对任何侵犯知识产权专有性的行为，权利人都可以通过诉讼的方式维护自己的合法权利。地域性是知识产权的特性之一。知

---

1 张玉超.我国体育知识产权的基本法律问题研究[J].中国体育科技,2014(2):103-111.

识产权的地域性特征是指，只有在该国/地区获得了知识产权组织的认证和授权，才可以得到该国/地区的保护。体育知识产权同样具有地域性的特点，如权利人在美国申请获得体育标志的专有权，只有在我国再次进行申请，获得授权之后才能获得我国商标法、著作权法等法律的保护。

2.以竞技体育为核心

知识产权的价值在竞技领域得到体现的是国内外在界定体育知识产权定义时的共识，体育知识产权商业价值转化度与竞技水平呈正相关。也就是说，体育知识产权的价值依赖于体育竞技水平的高低，如奥运会作为全球范围内的大型体育赛事，其体育竞技水平远远高于各国国内的体育赛事水平，奥运会赛事的转播权费用远远高于其他体育赛事，奥运会中体育知识产权的商业价值也就远远高于其他体育赛事。

3.对体育行政部门有较大的依赖性

国内体制改革正处于新旧运行机制并存的转型期，对体育无形财产权的利用还存在着“管办不分”的问题，行政部门对体育知识产权的利用仍拥有决定权。体育事业天然地带有社会公益性，这使得体育事业的市场化程度难以加深，对政府的依赖性不会消失。

四、体育知识产权数据检索

本书以国内六大知名体育品牌：安踏、李宁、鸿星尔克、特步、361° 和匹克，以及国外六大知名体育品牌：耐克、阿迪达斯、安德玛、彪马、亚瑟士和新百伦为代表，通过飙局、incoPat、合享数据库三个数据库分别对这12家公司近20年的商标申请趋势、专利总量、专利技术分布和专利申请地域分布进行检索，得出以下图表。需要特别说明的是，本书是以这些体育公司（包含子公司）的全部数据为检索目标进行统计分析，表2-1、表2-2的检索时间段为2004年1月1日至2022年12月31日；图2-1至图2-7的检索时间段为2004年1月1日至2023年5月22日。

1.商标申请趋势

表2-1 国内代表性体育品牌2004—2022年商标申请数量（件）

申请年份	安踏	李宁	鸿星尔克	特步	361°	匹克
2004	3	12	0	0	0	0
2005	12	34	1	0	1	0
2006	13	51	27	1	1	1
2007	12	39	10	2	2	2
2008	42	32	32	5	4	8
2009	40	42	38	0	3	0
2010	107	68	18	4	13	5
2011	95	140	1	18	17	11
2012	74	113	12	14	26	39
2013	75	190	29	31	37	3
2014	74	127	24	28	30	1
2015	69	79	31	69	90	8
2016	143	143	19	79	55	0
2017	194	142	35	106	90	24
2018	161	218	62	307	75	55
2019	244	199	49	227	50	76
2020	185	241	36	204	59	199
2021	211	174	86	349	47	181
2022	503	195	88	382	197	144

表2-2 国外代表性体育品牌2004—2022年商标申请数量（件）

申请年份	耐克	阿迪达斯	安德玛	彪马	亚瑟士	新百伦
2004	1115	88	0	48	31	12
2005	1363	101	1	55	44	18
2006	1320	107	1	73	26	28
2007	1416	142	0	54	52	15
2008	1149	115	1	52	36	29
2009	1186	126	4	39	31	20
2010	1437	142	10	43	26	12
2011	1777	128	10	72	22	15
2012	2367	170	39	81	52	26
2013	3040	290	53	15	99	23
2014	3076	187	58	67	54	21
2015	4120	352	71	85	81	46
2016	4865	594	143	169	64	15
2017	4450	669	140	148	79	49
2018	3955	460	93	296	99	46
2019	4266	827	79	270	177	38
2020	3340	325	61	253	138	8
2021	2987	175	46	161	106	18
2022	2763	179	28	50	86	9

表2-1、表2-2分别为国内外代表性体育品牌近20年的商标申请情况。从国内品牌商标申请趋势来看，其总体上呈波动上升趋势，可见体育品牌企业对知识产权保护的重视程度越来越高。从商标申请量来看，李宁前期申请量都处于领先位置，从2017年开始，安踏、特步两大品牌逐渐赶超。

安踏拿下北京2022年冬奥会的赞助权益，成为北京冬奥会官方合作伙伴中唯一的运动服饰品牌，成功赞助本土奥运。同时，安踏在商标申请与保护上再次加大力度，2022年商标申请量一跃成为国内代表性体育品牌中的首位。国外代表性体育品牌中，耐克的商标申请量遥遥领先于其他品牌，其次为阿迪达斯。这两大品牌的商标申请量与品牌形象呈正相关。

2.专利总量

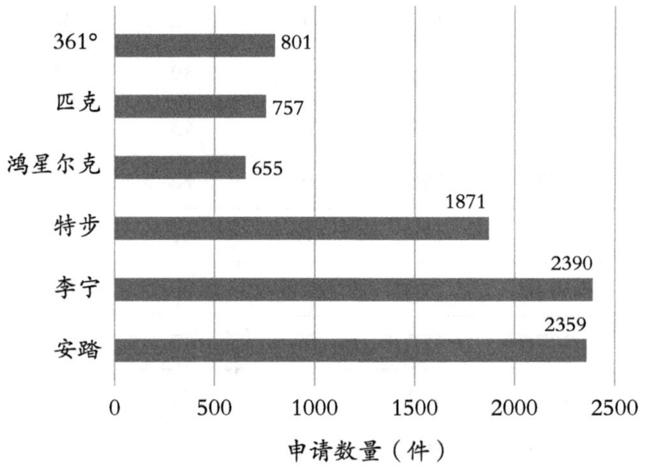

图2-1　国内代表性体育品牌2004年1月至2023年5月专利申请总量

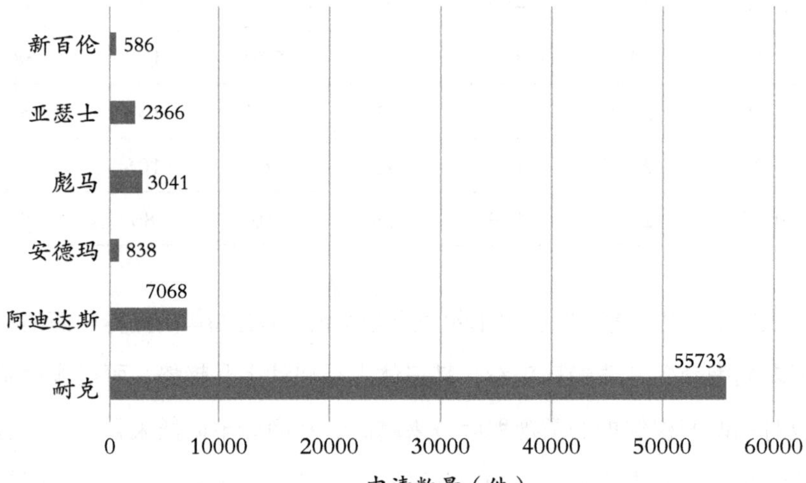

图2-2　国外代表性体育品牌2004年1月至2023年5月专利申请总量

从近20年国内代表性体育品牌的专利申请总量来看（见图2-1），李宁公司居于首位。李宁公司是国内体育品牌中上市较早的公司，自成立以来，成立了中国第一家服装与鞋产品设计开发中心、香港设计研发中心、李宁集团美国设计中心等，重视专利研发与保护，率先成为自主开发的中国体育用品公司。安踏的专利申请量紧跟其后，安踏旗下有国内首个高科技的运动科学实验室，并打造成为中国体育用品行业首家、得到国家认定的国家级企业技术中心，因此安踏的专利布局居于国内前列。国外代表性体育品牌中（见图2-2），全球知名体育品牌耐克近20年的专利总数遥遥领先，耐克公司重视专利研发与保护，且产品线丰富，通过技术创新改变了运动鞋行业。

3.专利技术分布

（1）安踏。

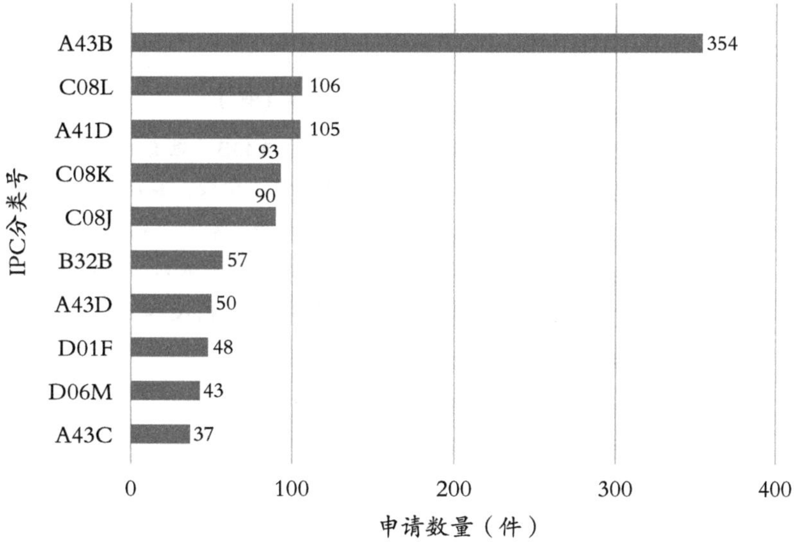

注：涉及的IPC分类号及对应的分类号说明：A43B：鞋类的特征。C08L：高分子化合物的组合物。A41D：外衣；防护服；衣饰配件。C08K：使用无机物或非高分子有机物作为配料。C08J：加工；配料的一般工艺过程；不包括在C08B、C08C、C08F、C08G或C08H小类中的后处理。B32B：层状

产品，即由扁平的或非扁平的薄层，如泡沫状的、蜂窝状的薄层构成的产品。A43D：制鞋或修鞋的机械、工具、设备或方法。D01F：制作人造长丝、线、纤维、鬃或带子的化学特征；专用于生产碳纤维的设备。D06M：对纤维、纱、线、织物、羽毛或由这些材料制成的纤维制品进行D06类内其他类目所不包括的处理。A43C：鞋类的紧固物或附件。

图2-3 安踏2004年1月至2023年5月专利技术分布

（2）李宁。

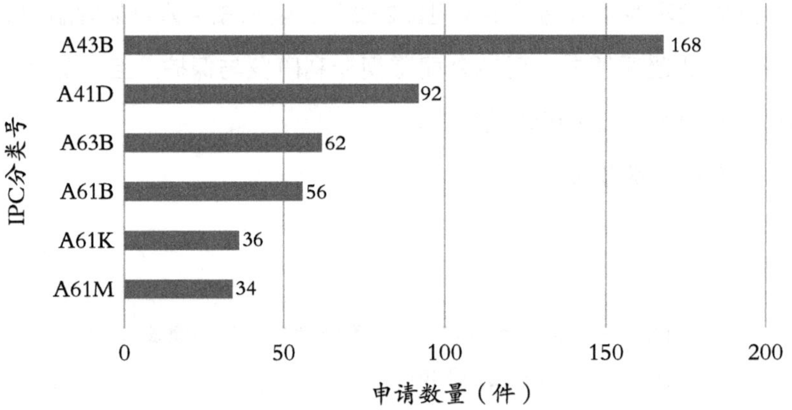

注：涉及的IPC分类号及对应的分类号说明：A43B：鞋类的特征。A41D：外衣；防护服；衣饰配件。A63B：体育锻炼、体操、游泳、爬山或击剑用的器械；球类；训练器械。A61B：诊断；外科；鉴定。A61K：医用、牙科用或梳妆用的配制品。A61M：将介质输入人体内或输到人体上的器械。

图2-4 李宁2004年1月至2023年5月专利技术分布

（3）耐克。

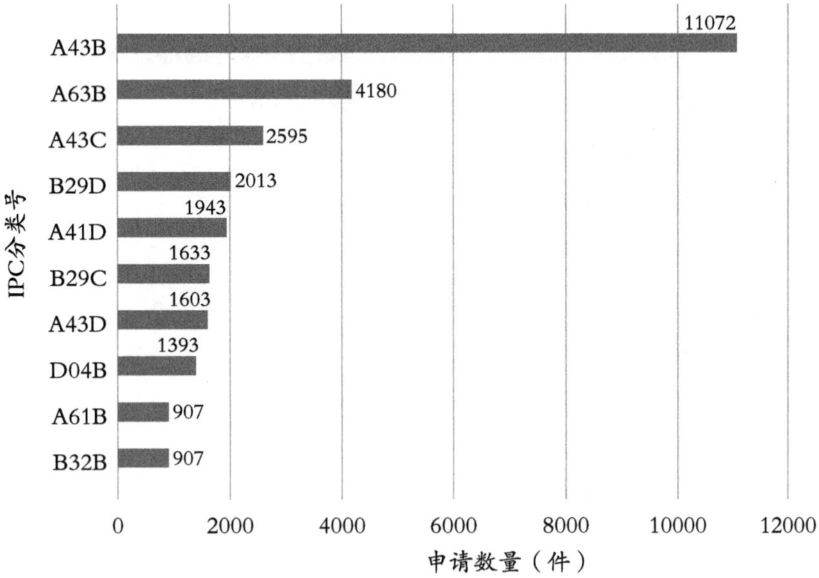

注：涉及的IPC分类号及对应的分类号说明：A43B：鞋类的特征。A63B：体育锻炼、体操、游泳、爬山或击剑用的器械；球类；训练器械。A43C：鞋类的紧固物或附件。B29D：用塑料或用塑性状态的物质生产特殊制品。A41D：外衣；防护服；衣饰配件。B29C：塑料的成型连接；塑性状态材或料的成型，不包含在其他类目中的；已成型产品的后处理，如修整。A43D：制鞋或修鞋的机械、工具、设备或方法。D04B：针织。A61B：诊断；外科；鉴定。B32B：层状产品，即由扁平的或非扁平的薄层，如泡沫状的、蜂窝状的薄层构成的产品。

图2-5　耐克2004年1月至2023年5月专利技术分布

（4）阿迪达斯。

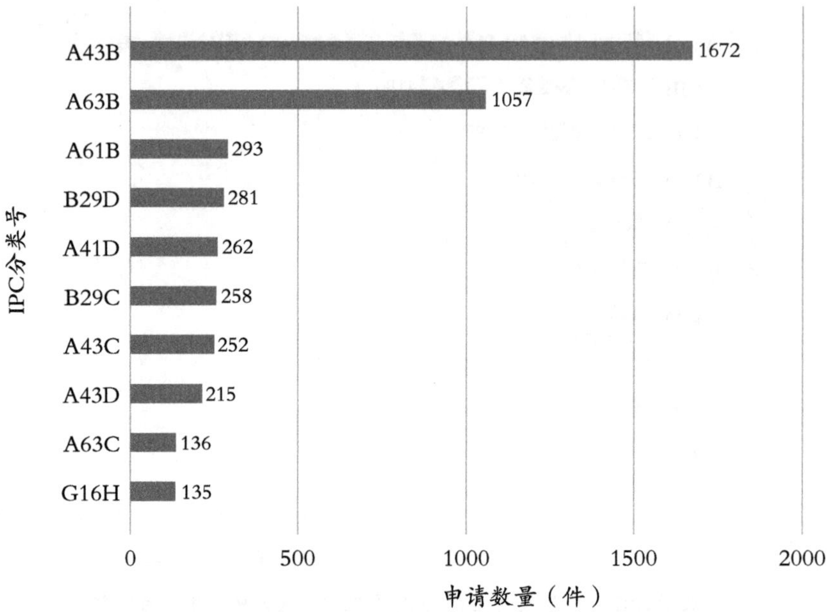

注：涉及的IPC分类号及对应的分类号说明：A43B：鞋类的特征。A63B：体育锻炼、体操、游泳、爬山或击剑用的器械；球类；训练器械。A61B：诊断；外科；鉴定。B29D：用塑料或用塑性状态的物质生产特殊制品。A41D：外衣；防护服；衣饰配件。B29C：塑料的成型连接；塑性状态材或料的成型，不包含在其他类目中的；已成型产品的后处理，如修整。A43C：鞋类的紧固物或附件。A43D：制鞋或修鞋的机械、工具、设备或方法。A63C：冰鞋；滑橇；滚轮溜冰鞋；球场、冰场或类似场地的设计或布局。G16H：医疗保健信息学，即专门用于处置或处理医疗或健康数据的信息和通信技术。

图2-6 阿迪达斯2004年1月至2023年5月专利技术分布

国际专利分类（IPC）是目前世界上应用最广的专利分类体系，从安踏、李宁、耐克、阿迪达斯四家体育品牌的专利申请技术来看（见图2-3至图2-6），其专利申请主要集中在了A大类，其中A43B（鞋类的特征）申请量均排第一，耐克、阿迪达斯最早就是以运动鞋的生产起家，安踏将氮科技篮球鞋、跑鞋列为主线产品。特步近些年也专注于马拉松领域，在马拉松竞速跑鞋上推出跑鞋产品矩阵，深耕马拉松跑鞋这一专业赛道，推出冠军跑鞋160X系列。

4.专利申请地域分布

公司专利技术申请的地域分布可以反映企业产品技术市场的重心分布特征。通过检索2004年1月至2023年5月的相关专利数据（见图2-7），国内代表性体育品牌中特步、匹克、316° 专利申请地域集中于国内，安踏、鸿星尔克两大品牌的专利申请大部分集中在国内，在美国、日本、欧洲专利局、世界知识产权组织、德国、韩国、澳大利亚、奥地利等地域均有少量分布。反观国外代表性体育品牌，德国本土品牌阿迪达斯在专利申请地域分布上，排名前五的分别是美国（1958件）、英国（1776

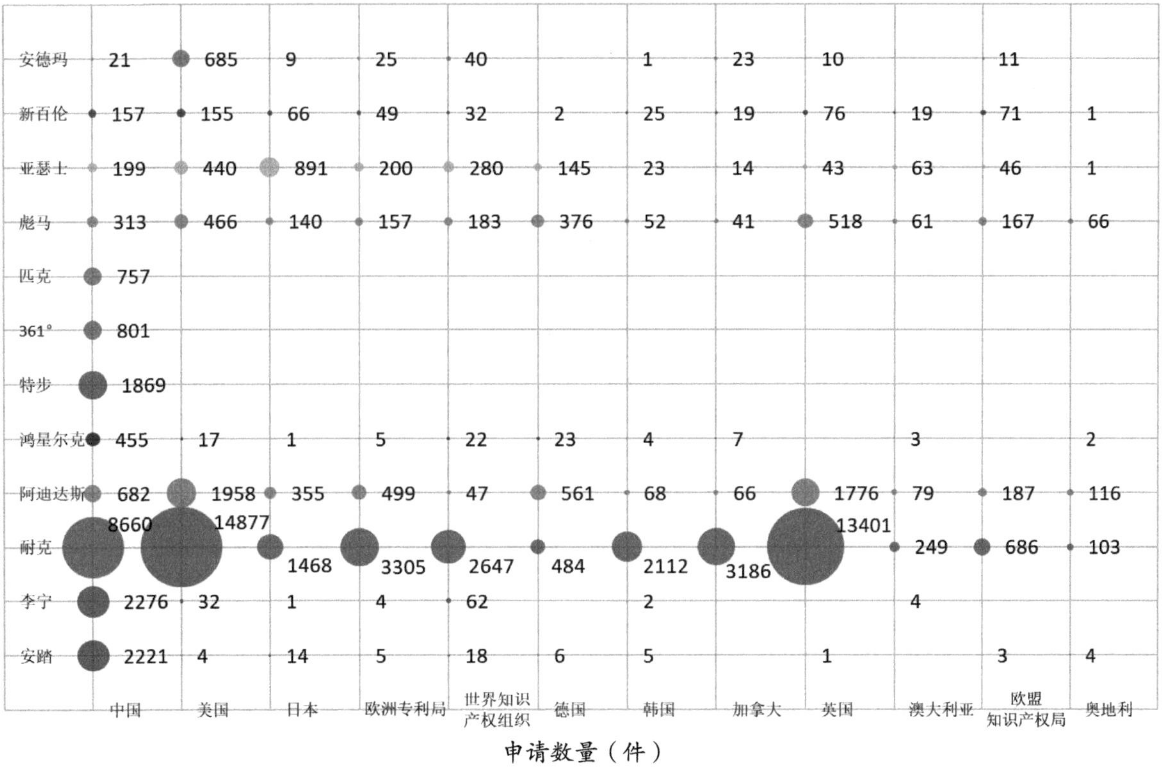

图2-7 知名体育品牌2004年1月至2023年5月的专利热点分布

件）、中国（682件）、德国（561件）和欧洲专利局（499件），其中美国一直以来都是阿迪达斯的必争之地，因为那里有它最强劲的竞争对手——耐克。此外，欧洲各国也是其主要技术市场的争夺点，占据了大部分的专利申请。值得注意的是，中国作为拥有巨大消费潜力的市场，阿迪达斯在中国的专利申请也排在前列。向中国进行专利技术保护申请，占据中国的技术市场成为阿迪达斯扩大市场范围的重要途径。

第三章

体育赛事品牌运营中的知识产权

我国体育赛事品牌运营市场潜力巨大，但由于目前我国体育赛事知识产权保护体系尚未健全，加上部分企业知识产权保护意识薄弱、缺乏专业知识等，我国体育赛事品牌运营过程中存在着诸多问题。我国体育赛事品牌运营中的知识产权保护主要涉及两个方面：一是与体育赛事有关的知识产权保护，包括体育赛事名称、体育赛事活动名称等；二是与体育赛事有关的著作权及其他权利，包括作品著作权及邻接权、商标专用权、外观设计专利权以及转播权和商业秘密等。现阶段我国在体育赛事品牌运营过程中最常见也最突出的问题就是商标权、著作权和转播权的归属纠纷，本章以大量案例作为集合，对赛事的知识产权保护问题进行解析。

一、体育赛事概述

（一）体育赛事

体育赛事是指大型的竞技体育比赛，体育赛事与经济发展紧密相连，具有明显的财产属性与人身属性。体育赛事知识产权，是指产权权利人在体育竞赛或与之相关的产业经营等行业中具有经营性标志的新型智力成果，依据法律规定对其所享有的专有权利的总称。但要明确的是，体育赛事知识产权并非一种法定的权利类型[1]，本书所说的体育赛事知识产权是指“与体育赛事相关的知识产权内容”。

1.运动竞赛角度的定义

体育赛事的概念是从“运动竞赛”演变而来的，因此，要对体育赛事进行定义，首先需要弄清“运动竞赛”的概念。田麦久教授认为，运动竞赛是指在裁判员主持下，按统一的规则要求，组织与实施的运动员个体或运动队之间的竞技较量。[2]

2.项目管理角度的定义

随着观众、媒体、赞助商等利益相关者的参与，体育赛事已经成为市场经济条件下体育竞赛的重要组成部分，是部分赛事相关者获取经济收益的重要来源途径。

3.特殊事件角度的定义

国外学者对体育赛事的理解与国内学者有所不同。他们通常把体育

1 李海莹.体育赛事知识产权法律规范研究[D].武汉:中南财经政法大学,2020.

2 田麦久.运动训练学词解[Z].北京体育大学运动训练学教研室,2002.

项目归入特殊事件的范畴。特殊事件涵盖的范围很广，包括宗教仪式、传统仪式、体育赛事、展览等活动，其中体育赛事是其重要的形式之一。盖兹在他的类型学中有所突破，他认为特殊事件最好根据其背景来定义：一是从组织者的角度出发，即“特殊事件是不同于赞助商和组织主体通常的节目或活动的一次性或罕见的事件”；二是从消费者或客人的角度来看，即“对于消费者或客人来说，特殊事件是一种休闲、社会或文化体验的机会，不同于通常的选择范围，超越日常体验”。且体育活动可追溯至早期原始时期，例如人类的爬、跳、走等，人类对手、脚以及身体各个部位进行协调使用，并且将这些行为作为一种生活技能传授给下一代，奠定了现代体育活动的基础。但这一时期的体育运动多具有宗教色彩，或用于祭祀活动或用于祈愿纳福，而后体育活动从祭祀活动发展成一种娱乐游戏活动，人们还在体育游戏的基础上增加了一些限制条件，并约定规则，逐渐形成体育竞赛。[1]

在已有理论基础上，笔者提出体育赛事的概念：体育赛事又可称为体育竞赛，是以体育活动竞赛为核心，在统一的规则规范下，各运动员或运动队之间的较量活动事件，在此活动事件中，能够满足参赛者、观众、媒体以及其他相关群体不同的利益需求，从而达到多元的目的与目标。

（二）体育赛事运营

运营管理理论的出现和发展对于社会中的众多行业都具有深远的指导意义。运营管理主要指的是对于生产过程的管理以及生产系统的管理，它包括对生产过程和生产系统的设计、组织运行评价和改进等，具有持续性的特点。与之不同的是，项目管理有明确的起点和终点，产生独特的产品，具有一次性的特点。项目管理是指运用系统的理论和方

1　李海莹.体育赛事知识产权法律规范研究[D].武汉:中南财经政法大学,2020.

法，通过一个临时性的专门组织对项目进行计划、组织、指挥、协调和控制，实现项目预期目标的动态活动过程。任何一个项目都具有一定的生命周期，流程管理在其中发挥着重要的作用。流程是一组共同为顾客创造价值又相互联系、循序渐进的业务或决策活动，企业流程按照活动的性质可分为管理流程和业务流程。

任何管理过程都存在着一定的风险，而全面的风险管理就是以整体经营目标为核心，在企业管理的每个环节和经营过程中，实施风险管理的基本流程，为整体风险管理目标的实现提供合理的保障。体育赛事作为一项重大项目，其运营管理较为复杂。[1]

叶庆晖博士参照动作管理的定义把"体育赛事运作"定义为："体育赛事主办单位通过行使管理职能对赛事投入的人力、物力、财力和信息技术等进行合理使用和分配，有效地创造出竞赛产品和相关服务，从而达到赛事目的和目标的过程。"[2]

在市场经济条件下，体育竞赛是面向市场的，而市场本身包含"管理学"的因素，又因体育赛事"本身蕴含作为项目的基本属性，体育赛事的各项管理工作完全符合项目管理的特征"，因此从管理学的角度再定义。赵均和王朝军提出"体育赛事运营"的概念，首先，"体育赛事运营"与"体育赛事运作"是有区别的，"体育赛事运营"不是在"体育赛事运作"概念上简单地修改，而是应管理学研究体育赛事的需要而提出的概念。"体育赛事运作"强调体育赛事管理的效率和效果，而"体育赛事运营"相对于"体育赛事运作"，更强调对体育赛事营销、投资、社会效益和经济效益的分析。赵均和王朝军把"体育赛事运营"定义为："主办单位为了达到适合的效益目的而对体育竞赛活动进行投

1 宋昱,王凯圆.疫情防控常态化背景下体育赛事运营管理的策略研究[J].南京体育学院学报,2021,20(5):9-15.

2 叶庆晖.体育赛事运作研究[D].北京:北京体育大学,2003.

资、策划、营销、控制等一系列的管理过程。”[1]体育赛事运营主体包括体育赛事组织者、体育赛事主办方和各体育网络媒体平台等。

（三）体育赛事运营现状

1.国家政策出台点亮行业前景

2021年，《全民健身计划（2021—2025年）》与《“十四五”体育发展规划》等文件陆续发布，明确提出了支持各地培育全民健身赛事活动品牌，在竞赛表演产业加快构建自主品牌赛事活动体系，打造体育竞赛表演品牌，引进国际体育精品赛事，培育体育赛事名城。

2.体育赛事活动产业蓬勃发展

在竞赛表演类赛事方面，“十三五”期间我国的体育比赛的相关表演活动市场规模不断扩大，短短几年，相关产值从2016年的176.8亿元逐渐增加至2020年的351.7亿元，增长近一倍。群众参与类赛事方面，以最具代表性的马拉松赛事为例，2021年全国成功举办了178场赛事，全程马拉松赛事42场，半程马拉松赛事136场，参与人数达107万。国家体育总局公布的《“十四五”体育发展规划》中提出，加快构建自主品牌体育赛事活动体系，打造100个具有自主知识产权的体育竞赛表演品牌，支持引进并培育100项具有较高知名度的国际体育精品赛事，重点培育10个具有较大影响力的体育赛事名城。[2]

3.体育赛事运营市场规模持续扩大

随着2022年北京冬奥会、冬残奥会的顺利举办，广大消费者对于竞技体育、冰雪运动、户外运动等体育赛事的观赏和参与需求越发强烈，体育赛事运营也迎来了快速发展。“十三五”时期，我国体育赛事运营

---

1 赵均,王朝军.体育赛事运营与经济效益评价探究[J].山东体育科技,2007(3):14-16.

2 体育总局.体育总局关于印发《“十四五”体育发展规划》的通知[EB/OL].(2021-10-08)[2023-06-22].https://www.gov.cn/zhengce/zhengceku/2021-10/26/content_5644891.htm.

市场规模以17.5%的年均增长率快速增长，到2020年年底，我国体育赛事运营市场规模已达3012.2亿元，较2016年增长近一番。

4.体育赛事运营市场主体活力迸发

“十三五”时期，随着我国体育竞赛活动的兴起，2016—2019年，我国的体育赛事运营相关企业数量也随之快速上升，由1380家快速增长至3550家，年均增长率高达37%。但受新冠肺炎疫情影响，在2020年，我国的体育赛事遭受了很大的冲击，体育赛事大规模地延期或取消举行，导致部分企业停业，赛事运营相关的企业数量下滑至2858家。

综上所述，近些年来，随着社会的不断进步与发展，人民群众对体育的需求愈加增长，越来越多的个人与组织参与到体育活动中来。体育被赋予了更多的社会效益与经济效益，究其原因，在于其国际化、商业化以及职业化的不断发展，促进了社会中众多体育产业间的相互合作并获取最大效益。并且，近些年来关于体育产业发展的相关政策的不断出台以及许多国际性大型赛事在我国的成功举办，都为中国体育赛事的持续蓬勃发展提供了良好的机遇和基础。

二、体育赛事品牌运营相关知识产权

从字面意思理解，体育赛事品牌是指体育赛事所形成的能够为人们所认知且具有一定的经济价值、市场价值的符号，体育赛事是一个庞大的系统。尤其对国际性、国内体育赛事来说，参与者越来越多，其中不乏已经具有特定商标、商号的主体，因此对体育赛事品牌的界定就有了广义与狭义之分。广义上的体育赛事品牌是指体育赛事过程中出现的能够被认知且具有一定经济价值的符号；而狭义上的体育赛事品牌是指体育赛事用于与其他体育赛事加以区别的符号或标志。广义上的体育赛事品牌实际上包括了狭义上的体育赛事品牌和参与体育赛事的主体以及对体育赛事有贡献的主体对外能被认知的品牌。之所以要对体育赛事品牌进行如此区分，原因在于体育赛事品牌概念具有不确定性，体育赛事品牌本身不是一个法律用语，而是被学者长期使用而成为习惯的用词。其没有以特定内涵的方式出现在法律中。如果不加区分笼统地认识体育赛事品牌的概念，那么在一个大型赛事中，不仅该大型赛事本身能够被称为体育赛事品牌，赞助该大型赛事的企业所拥有的品牌以及冠名该大型赛事的品牌也都适用体育赛事品牌一词，从而在具体设定体育赛事品牌保护规范的时候就可能出现混乱，规范体系也会更加复杂。

（一）不同视角下的体育赛事品牌

1.组织者视角

组织者视角下的体育赛事主要体现了组织文化的属性。组织文化属性是体育赛事组织者对自身组织的体育竞技进行的赛事培养和市场包装的体现，也是体育赛事品牌的重要组成部分及文化精神的象征。体育赛事品牌所突出的组织文化属性包括传统习俗、竞赛规则、市场运作等要素。这些要素是区分同类型比赛的关键。例如，NBA在球场规模、处罚规则、赛程和营销管理等方面与世界上其他的篮球比赛或多或少有所不同。上述组织文化中的所有元素都是无形的，赛事组织者需将其具象化为某种外在的标志或标识。那么体育标志和标志权是否一样呢？

体育标志是指能够进行市场运营并获得经济效益的，在知名度和规模较大的体育组织和体育活动中以名称、徽记、吉祥物等为表现形式的，反映体育文化特质的专门记号。体育标志是将体育赛事各种虚拟的元素进行具体形象描述的过程，是组织者在塑造整个形象品牌的过程中产生的一种表征，包括体育赛事标志的内涵。[1]

体育赛事各项元素具象化的过程就是组织者对体育赛事品牌的塑造过程，其结果就是体育赛事品牌的表征，即体育赛事标志。基于标志的区隔属性，体育赛事标志不仅在面向其他赛事时体现了识别性与区分性，还通过图像化向目标市场传递了赛事品牌的形象，体现了面向目标市场的易被注意性和记忆性。[2]

具体而言，体育标志的具体内涵体现在以下几个方面：

第一，在保护目的方面，体育标志作为表明或象征体育活动与组织的专门记号，一经确认即具有较高的知名度与较大的规模。体育标志权保护的是体育赛事本身不被恶意诋毁、权利人最大限度开发其无形资产的自由和消费者不被恶意误导，且不被其他人未经允许利用标志获取利益。

第二，在保护功能方面，体育标志是区分同类体育赛事或活动的关键，须具有明显的识别性，这与保护独创性的著作权具有本质上的差异，因而常出现体育标志所有权人与标志著作权人分离的情形。这种识别性也不同于商标识别来源的作用，它仅能将某客体与体育赛事联系起来，并非说明此客体尤其是商品是体育赛事组织者生产的。此外，体育标志区分的是体育赛事活动及其组织与其他赛事活动及组织，与区分生产经营者或企业的商号具有载体上的差异性。

第三，在保护期限方面，体育标志权的期限因体育赛事和体育活动特殊性而异。有的体育赛事是周期往复的，其赛事或活动标志也相应的永久存在，如奥林匹克相关标志的保护。也有的体育赛事或活动具有鲜明的时效性，其标志随着其体育赛事活动的开始与结束具有相应期限。

体育标志权则是一种以财产权属性为主的独占权，以及由其衍生出

1 徐洁.知识产权视域下体育赛事品牌价值的实现[J].黑河学院学报,2022,13(7):174-175,188.

2 汪蓓,万晓红.我国标志性体育赛事传播力研究——以“武网”为例[J].武汉体育学院学报,2018,52(7):34-39.

来的相应处分权和经济收益权。关于体育标志权的权利属性，有观点认为，体育标志权应属于商品化权。笔者对此观点并不认同。一方面，商品化权是人格标志商业化利用的结果，与体育标志权具有不同的权利产生基础；另一方面，商业价值仅为体育赛事的一部分，而非体育赛事创制的核心或目的，且体育赛事大多以公益性目的展开。

笔者认为，体育赛事标志或体育标志，与奥林匹克标志一样应属于特殊标志的保护范畴。但值得注意的是，如前文所述，体育赛事品牌并不能够等同于体育赛事的标志，体育赛事的标志仅是体育赛事品牌的一部分，可看作体育赛事品牌的具体外部表征，而不能简单地将体育赛事品牌等同于体育标志，对体育赛事品牌知识产权的保护也不能简单套用体育标志保护的模式。

案例 1

首例涉“奥林匹克标志”案[1]

1996—1998年，“金味”在没有得到国际奥委会批准的情况下，将奥林匹克五环用于“金味”食品的外包装上。同时，“金味”公司还通过户外广告、公路标识、有线电视等方式宣传奥林匹克五环标识。中国奥林匹克委员会（以下简称中国奥委会）随即向金味食品公司提起诉讼，要求该公司就这次的侵权事件负责。

北京市高级人民法院裁定，根据中国奥委会的诉讼请求和案件事实，中国奥委会在本案中主张的权利可以认定为奥运五环专用权。《奥林匹克宪章》规定：遵守国际奥委会的《奥林匹克宪章》，禁止任何第三方按照国际奥委会的指示在中华人民共和国境内使用奥林匹克标志。因此，中国奥委会主张的权利是奥林匹克五

1 北京市第一中级人民法院（1998）一中知初字第93号民事判决书、北京市高级人民法院（1999）高知终字第32号民事判决书。

环的专有权，而不是奥林匹克五环商标的专有权。

一审法院认定中国奥委会主张保护的是“奥林匹克五环标志的商标专用权”没有事实和法律依据，二审法院予以了纠正。判赔中国奥委会500万元。

此案件作为首例“奥林匹克标志”案，在判决上一审与二审产生了不同的判决结果。出现此现象是因为法院在“专用权”和“商标专用权”上出现了不同的判定。除此之外，金味食品公司称其获得了标志使用许可证，但实际问题出在标志使用许可证没有证据证明是由中国奥委会同意颁发的。

2.赞助商视角

随着体育赛事的商业化发展，体育赛事品牌逐步出现在大众视野。而体育赛事品牌在我国法律中并未形成明确的概念定义，而是学者们在大量研究后所形成的习惯用语。体育赛事品牌通常会被认定为某一体育赛事区别于其他体育赛事的特定符号或标志。而体育赞助商赞助体育赛事品牌，往往是看中了某一品牌所能带来的经济效益，继而选择为其提供资金的支持与帮助，且多以冠名商的方式进行。体育赞助商的品牌是赞助商本身所自持的品牌，是其在对某一体育赛事赞助前就已含有的旗下品牌，而体育赛事品牌是在赞助商与体育赛事主体等以一定形式进行约定后，赞助商才有权对其进行使用的品牌。

此外，消费者对体育赛事品牌的认知很大程度上会影响该体育赛事品牌的经济收益，是体育赛事品牌获取经济收益的核心看点。而赞助商决定对某一体育赛事品牌进行支持往往是看中了其在广大消费者群体中的影响力、口碑等，良好的口碑能为其带来更大的经济收益。因此，消费者对体育赛事品牌的认知，应是赞助商在选择支持某一体育赛事品牌前的重要考察点。

埋伏营销行为是随着体育赛事商业化发展产生的，是体育赛事商业化发展的必然产物。赞助商起初选择赞助体育赛事品牌的目的就是未来获取经济利益，而一旦该经济利益被无限放大，就会有其他商家为谋取利益而采取埋伏营销的方式进行谋利。因此，国际奥委会对此进行了相关规定，明确了埋伏营销的定义和范围，且签订了打击埋伏营销的条款。在此之后，当一个国家举办赛事时，总是会相应推出针对埋伏营销的法规。

常见的埋伏营销形式有多种，随着近年来互联网的快速发展，赞助转播媒体营销形式被认为是最有效的埋伏营销形式。最经典的案例就是1988年夏季奥运会上连锁餐饮品牌温蒂汉堡的表现。当时该届奥运会指定的唯一快餐类官方赞助商是麦当劳，而对手温蒂汉堡则通过赞助转播该届奥运会的美国广播公司实现了全方位的奥运关联营销。

通过赞助电视上的与赛事有关的访谈、转播、知识宣传或娱乐等相关节目，能够在没有获得官方授权的前提下获得很好的营销效果。在北京奥运会时李宁没有成为官方赞助商，但其在2007年与中央电视台签订了2年的长期合同，规定所有播出的奥运相关节目里出镜的人员都必须身着带有李宁标志的服装。由此，李宁获得了大量的媒体关注，不是官方赞助更胜官方赞助，成功埋伏了真正的赞助商阿迪达斯。[1]

案例2

恒大球衣换名案

在广州恒大足球队于2015年11月21日捧起冠军奖杯的同时，东风日产公司官方微博指出，广州恒大单方面强行将球衣胸前广告“东风日产启辰 T70”更换成了“恒大人寿”，构成违约。2014年1月，东风日产公司与广州恒大淘宝俱乐部签订广告合同，东风日产公司以单赛季1.1亿元的天价获得恒大淘宝俱乐部2014赛季、2015赛

1 贾菁.体育赛事中埋伏营销问题的现状与规避策略研究[D].武汉:武汉体育学院,2013.

季主客场比赛服胸前广告权益。但在恒大对阿尔阿赫利这场被称为“黄金赛点”的比赛中，恒大却未经东风日产公司同意擅自将球衣胸前广告更换成了“恒大人寿”。2015年12月，广州市花都区人民法院收到东风日产对广州恒大足球队的起诉状。其实这并不是恒大第一次擅自更改球衣胸前广告。2014赛季同样是亚冠，恒大在主场的一场比赛中将胸前广告擅自变更为“恒大粮油”。东风日产公司就此事件向广州市花都区人民法院提起诉讼。[1]最终以恒大赔付东风日产近千万元而和解。

一方面，从体育冠名权的产生分析，体育冠名权是来源于冠名赞助合同，合同双方主体为冠主（赞助方）与物主（被赞助方）；合同客体为体育设施、体育赛事或者体育队伍的命名权。体育冠名权基于合同产生，受民法典合同编调整，属于典型的私法，因此其所涉及的权利属性亦应为私权属性。从体育冠名权的权利主体来看，冠主基于冠名赞助合同取得冠名权，体育冠名权属于冠主。合同权利属于债权，而债权属于请求权，所以冠主行使冠名权除了要符合合同约定，其权利的实现在很大程度上还依赖于物主积极地履行合同约定的义务，如排除来自第三方的妨碍，运动队外出比赛或者参加各种宣传活动时彰显冠主的名称等。另一方面，体育冠名权是一种知识产权，具备特殊性，有其公权属性，因此必须有相关公法介入调整。

案例3

美国奥林匹克委员会诉美国媒体公司案[2]

在2000年悉尼奥运会举办前夕，在未经美国奥林匹克委员会

---

1 东风日产诉恒大淘宝获立案　要求赔偿3244万余元[EB/OL].(2015-12-16)[2023-06-22]. http://news.cntv.cn/2015/12/16/ARTI1450261928924271.shtml.

2 United States District Court, D. Colorado.No.01-K-281.

（以下简称美国奥委会）许可的情况下，美国媒体公司在出版的*OLYMPICS USA*杂志上使用了奥林匹克字样和奥林匹克图形标志。美国奥委会认为美国媒体公司构成了出于贸易和引导商品买卖目的的未经许可的使用。美国奥委会还主张，美国媒体公司使用这个杂志也构成了非法的埋伏营销。美国媒体公司称《奥林匹克和业余体育法》不适用于本案，因为它的出版物的性质是纯编辑性质的，完全是一种非商业性质的出版物。

美国科罗拉多州区域法院认为，依据美国联邦最高法院的判例，《奥林匹克和业余体育法》只是授予了美国奥委会对奥林匹克标志在某些场合下的独占性权利，比如禁止关于奥林匹克的商业性利用的权利。在本案中，美国科罗拉多州区域法院认为《奥林匹克和业余体育法》的第220506(c)条规定的“出于贸易和引导商品买卖为目的的未经许可的使用”只适用于商业性场合。从而，在法律问题上，法院认为《奥林匹克和业余体育法》不适用于非商业性言论。随后，法院对事实问题进行分析，通过分析商业性言论的一般法律原则和先例，认为在本案中，*OLYMPICS USA*杂志不构成商业性言论。另外，如果认为*OLYMPICS USA*杂志构成商业性言论，将与宪法第一修正案中赋予媒体的言论自由权不符。

美国科罗拉多州区域法院将《奥林匹克和业余体育法》适用范围限定为商业性使用，而*OLYMPICS USA*杂志不构成商业性言论，所以本案中原告败诉。[1]

本案涉及对于标志权利人的另一个限制：他人可以非商业目的使用活动标志。该限制与著作权法中的合理使用有诸多相似之处。吴汉东归纳总结出“合理使用”定义需要把握的五点：使用有法律依据；使用未

1 涂晓玲.埋伏营销案例研究[D].上海:上海交通大学,2012.

经著作权人同意；使用不需要对价；使用须出于正当目的；使用是一种能够产生法律上效果的行为。进而他提出了“合理使用”的定义，即为“在法律规定的条件下，不必征得著作权人的同意，又不必向其支付报酬，基于正当目的而使用他人著作权作品的合法行为”[1]。同样，大型活动标志的使用，也可以参考这一标准。行为人可以不必征得标志权人的同意，也不必向其支付报酬，只要其对于活动标志的使用属于“非商业性使用”。“非商业性使用”是指商业目的以外的对活动标志的使用，排除潜在或隐性商业目的的使用。根据立法精神，对于奥林匹克标志的非商业性使用应当是被允许的。立法的目的不可能是单一的，考虑到奥运会的公益属性，不能仅为了加强对于奥林匹克知识产权的保护而扼杀社会公益事业的发展和国民对于奥运的热情，应该让奥运会成为我国向世界展示的一个窗口，为我国社会的全面进步服务。[2]

3.参与者视角

运动员形象作为体育赛事全过程的参与主体，往往会直接影响体育赛事的发展及赛事有关品牌的宣传发展等，运动员形象的好坏很大程度上会决定赛事的走向，会直接影响观众的赛事观看感与体验感，有时也会直接影响到赛事的经济收益。良好的运动员形象有利于推动体育赛事的发展，也有利于提升运动员的个人价值，为赛事带来更好的口碑，进而为体育赛事带来更多的经济收益。

根据国内现有学者对于运动员肖像权的定义，运动员肖像权一般指运动员个人有区别于他人的特征，并可利用其特征在商业活动中谋取一定经济利益的权利。而英国体育法学者伊恩布·莱克肖指出形象权这一概念并非仅针对运动员的肖像，还包括更广义上对运动员的人格进行商业化运用的权利。因此，运动员形象权所保护的对象不仅有运动员姓名、肖像等，

1　吴汉东.知识产权法[M].4版.北京:法律出版社,2011:99-100.

2　涂晓玲.埋伏营销案例研究[D].上海:上海交通大学,2012.

还有运动员某一特有的标志性动作，但也有学者提出，该权利多体现在相对有名气的运动员身上，也可以称为运动员的职业权利。

（二）体育赛事运营过程中知识产权保护

体育赛事运营过程中知识产权保护主要包括赛事特许商品的知识产权保护和赛事节目的知识产权保护。

体育赛事，特别是大型体育赛事在实际运作中，赛事组委会或者赛事管理机构往往会在拥有该赛事品牌名称、专用标志或角色形象后，以特许合同的方式，将上述权利授权给第三方，允许其在特定产品中使用赛事专有的品牌名称、专用标志或角色形象等。

1.对商标权的保护

我国《商标法》（2019年修正）第8条规定，任何能够将自然人、法人或者其他组织的商品与他人的商品区别开的标志，包括文字、图形、字母、数字、三维标志、颜色组合和声音等，以及上述要素的组合，均可以作为商标申请注册。

对于赛事本身而言，特许商品上往往会印制赛事的专用标志，而这些标志往往都是以赛事组委会或者赛事管理机构作为知识产权权利主体所享有的。未经赛事组委会或者赛事管理机构的许可，在相关产品中随意使用注册商标，属于侵犯商标权的行为。另外需要特别重视的是，赛事组委会或者赛事管理机构在注册相关商标的时候对注册类别的选择。体育赛事知识产权在使用过程中，商标权占据很主要的位置，其运用相对于其他权利还是比较多的。在2022年世界杯中，卡塔尔作为世界杯的主办方，申请的“卡塔尔 QATAR”全部被驳回，原因是国际足联在这之前就已经注册了“QATAR 2022”的商标。客观而言，商标注册也讲究“先来后到”。根据《商标法》（2019年修正）第9条第1款的规定，申请注册的商标，应当有显著特征，便于识别，并不得与他人在先取得的合法权利相冲突。商标之战是必不可少的，但在利益面前难免会出现“恶意抢注”的现象。据央视新闻报道，少数企业、自然人以牟取不当利益为目的，对知名球星姓名、世界杯、世界杯吉祥物“LAEEB”“拉伊卜”等热词、标志进行商标恶意抢注。因此，对商标权的保护就显得十分重要。

案例4

斯篮搏与上海梦娜侵害商标权及不正当竞争纠纷案[1]

斯篮搏针对体育文化公司大肆使用“斯篮搏球场”“斯篮搏篮球比赛”“可能是上海唯一一家专业的斯篮搏球场”等宣传用语，认为其构成了对权利商标的侵害和不正当竞争，要求体育文化公司停止侵权及不正当竞争行为，刊载声明，消除影响，赔偿经济损失及合理费用支出共300万元。在“斯篮搏”已实际成为一项竞技体育项目名称的情况下，是否还应具备区分服务来源的“第二重含义”？一、二审法院在重点考察商标的实际使用特征后给出了肯定结论。一方面，认定专用权人将“斯篮搏”体育运动引入我国，是利于总体社会福祉增进的有益之举，专用权人因该实质性贡献而累积的商誉应受法律保护；另一方面，亦明确了专用权人就“斯篮搏”作为体育运动项目名称并不享有排除他人正当使用的权利。并且在《商标法》（2019年修正）第57条中明确规定有下列行为之一的，均属侵犯注册商标专用权：“未经商标注册人的许可，在同一种商品上使用与其注册商标近似的商标，或者在类似商品上使用与其注册商标相同或者近似的商标，容易导致混淆的。”

1 上海市徐汇区人民法院（2020）沪0104民初14300号民事判决书、上海知识产权法院（2021）沪73民终807号民事判决书。

本案的核心价值在于，严格遵循商标法基本原理，在专用权人享有的垄断性权利与保障公众自由利用社会资源之间做出了恰当的价值平衡，划清了注册商标专用权与公共利益的边界，对全新裁判规则的创建进行了有益探索。

2.对著作权的保护

赛事节目并非赛事本身，赛事节目来源于对赛事画面的记录。通常来说，赛事节目是相关权利人经赛事组委会或者赛事管理机构的许可进入现场对比赛过程进行录制并转播，同时附带权利人创造性劳动的节目。此外，赛事节目是作品还是录像制品，直接关系到是以邻接权来进行解释还是以著作权来进行解释。

案例5

新浪诉凤凰网著作权及不正当竞争纠纷案[1]

新浪诉凤凰网侵权不正当竞争案被誉为“中国体育赛事转播著作权第一案”。在一审判决中，中国首次承认体育赛事图片受版权保护。央视状告暴风侵犯作品信息网络传播权纠纷案被称为“央视世界杯案”。这两起纠纷都是由体育赛事版权问题引起的，这一点是相同的，但在判决上却有所不同。

2015年3月18日，新浪将凤凰网运营商北京天盈九洲网络科技有限公司（以下简称凤凰网）诉至北京市朝阳区人民法院，称凤凰网未经新浪授权，早在2013年就在其超级频道首页显著位置标注并提供了鲁能VS富力、申鑫VS舜天等比赛直播，未经许可转播中超联赛直播视频，侵犯了中超联赛版权，构成不正当竞争。新浪要求该公

1 北京市朝阳区人民法院（2014）朝民（知）初字第40334号民事判决书、北京知识产权法院（2015）京知民终字第1818号民事判决书、北京市高级人民法院（2020）京民再128号民事判决书。

司停止侵权行为，并索赔经济损失1000万元。

一审判决构成侵权，一审法院认为赛事节目在摄制时进行了镜头的选择以及画面内容的编排，它是一种创造性劳动，肯定了它的原创性，所以应该承认它是一种作品。乐视网与凤凰网合作转播侵犯了原告对该事件所涉图片作品的版权，被责令自2012年3月1日至2014年3月1日停止转播中超联赛，连续7天在凤凰网首页发表声明，并赔偿新浪经济损失50万元。凤凰网拒绝接受这一判决，并向北京知识产权法院提起上诉。

二审结果出现了转折。二审法院认为在选择素材上，中超节目信号所承载的系列动态画面无独创性。由于现有证据无法证明这两件事件的公共信号所携带的图像构成电影作品，因此无法确定新浪对其享有版权。因此，被起诉的行为并不构成对新浪版权的侵犯。凤凰网上诉理由成立，北京知识产权法院支持。因此，北京知识产权法院二审撤销了一审判决，驳回了新浪的全部诉讼请求。

在新浪诉凤凰网一案中，一审法院认为涉案中超比赛镜头受版权保护，但二审法院认为涉案中超比赛公众信号连续携带的镜头不构成电影作品，不能认定新浪享有版权，改判驳回新浪的全部主张。但在央视诉暴风案中，一审法院认为世界杯所涉节目的原创性没有同类视频作品高，应认定为录像制品。二审法院维持了这一认定，但将赔偿金额提高到400万元。因不服二审判决，新浪向北京市高级人民法院申请再审。

北京市高级人民法院再审认为，该案争议焦点在于：一是涉案赛事节目是否构成类似摄制电影的方法创作的作品；二是天盈九州公司、乐视公司的涉案行为在上述前提下如何定性及其法律责任承担。对于电影类作品应从宽界定，应以相关作品是否具有独创性，是否表现为连续的画面，是否达到与电影类作品最相类似的作品类型的程度予以判定。

在该案中，涉案赛事节目是极具观赏性和对抗性的足球赛事节目，为适应直播、转播的要求，该类赛事节目的制作充分运用了多种创作手法和技术手段。涉案赛事节目在制作过程中，经历了摄制准备、现场拍摄、加工剪辑等程序，在机位的拍摄角度、镜头的切换、拍摄场景与对象的选择、拍摄画面的选取、剪辑、编排以及画外解说等方面均体现了摄像、编导等创作者的个性选择和安排，具有独创性，不属于机械录制所形成的有伴音或无伴音的录像制品，符合电影类作品的独创性要求。

同时，关于是否满足电影类作品定义中“摄制在一定介质上”的要求，法院认为，涉案赛事节目在网上传播足以表明其已经通过数字信息技术在相关介质上加以固定并进行复制和传播。

法院认为，涉案赛事节目构成著作权法保护的电影类作品，而不属于录像制品，新浪关于其构成以类似摄制电影的方法创作的作品的再审主张成立。

关于天盈九州公司、乐视公司的涉案行为，法院指出，根据现行著作权法的规定，被诉直播行为既不属于信息网络传播权也不属于广播权调整的范围，应适用《著作权法》（2020年修正）第10条第1款第17项“应当由著作权人享有的其他权利”的调整范围，该条款是为作品的著作权人设置的“兜底”权利条款，因此被诉直播行为侵犯了新浪对涉案赛事节目享有的“著作权人享有的其他权利”，对新浪认为上述行为亦构成不正当竞争的主张，不予支持。

由此，北京市高级人民法院在2020年9月23日发布判决结果，虽然一审判决未根据当事人的主张对涉案赛事节目所属的作品类型作出认定存在瑕疵，但是在认定其构成作品的基础上，认定天盈九州公司的涉案行为侵犯了新浪对涉案赛事节目“著作权人享有的其他权利”并据此支持新浪的诉讼请求，上述裁判结果正确，对其判决结果予以维持。[1]

案例6

暴风公司与央视侵权纠纷案[2]

在2014年巴西世界杯举办期间，暴风公司在其运营的PC端软件中，直接向公众提供3950段“2014巴西世界杯”赛事电视节目的互联网在线播放服务，严重侵害了央视国际公司（以下简称央视）所独占的通过信息网络向公众提供涉案赛事节目的权利。央视请求法院判决暴风公司赔偿经济损失及合理支出共计400万元，并承担本案全部的诉讼费用。石景山法院一审认为，涉案电视节目的原创性不高，不足以构成我国著作权法规定的以类似于电影拍摄的方法创作的作品，但符合我国关于录像制品的规定，故应认定为录像制品。涉案短视频是对涉案活动节目内容的节选，属于复制行为，也应当视为录像制品。因此，央视称涉案短视频是以类似于电影拍摄的方式创作的作品，没有法律依据，一审法院不予认可。最终一审法院作出判决：一、暴风公司赔偿央视经济损失人民币640000元及诉讼的合理费用人民币32400元，共计人民币672400元；二、驳回央视的其他诉讼请求。央视和暴风公司均对一审判决提出上诉。在二审中，北京知识产权法院认为，涉案节目不构成电影作品，应属录像制品。虽然央视辩称涉案节目是构成以类似于拍摄电影的方法所创作的作品这一申诉被法院否定，但北京知识产权法院认为，央视关于一审法院判决赔偿金额过低，不足以弥补央视经济损失

---

1 历时5年，中国赛事转播第一案再审判决：新浪中超直播构成类电作品，凤凰网侵权转播败诉[EB/OL].(2020-09-28)[2023-06-20].https://new.qq.com/rain/a/20200928A0AP-GK00?no-redirect=1.

2 北京市石景山区人民法院（2015）石民（知）初字第752号民事判决书、北京知识产权法院（2015）京知民终字第1055号民事判决书、北京市高级人民法院（2020）京民再127号民事判决书。

的上诉理由成立。因此，北京知识产权法院在二审中撤销了一审判决，并增加了赔偿数额，支持了央视400万元的索赔诉讼请求。2020年9月23日，北京市高级人民法院再审作出宣判，撤销二审将涉案作品认定为录像制品的判决，重新作出判决，认定涉案世界杯赛事节目构成“电影作品和以类似摄制电影的方法创作的作品”。央视关于涉案赛事节目构成以类似摄制电影方法创作的作品的再审主张成立，二审法院关于涉案赛事节目构成录像制品的认定结论有误，北京市高级人民法院予以纠正。但是，鉴于二审法院在认定涉案赛事节目构成录像制品的基础上，认定暴风公司的涉案行为侵害了央视对涉案赛事节目所享有的信息网络传播权，并据此支持了央视本案要求暴风公司赔偿损失的全部诉讼请求，因此判决上述裁判结果正确，故北京市高级人民法院在纠正二审判决相关事实认定、法律适用方面错误的基础上，对其判决结果仍予维持。

通过本案可以看出，在向观众提供相关体育赛事方面的视频作品时，一定要关注该赛事节目版权问题，在本案中，虽然暴风公司只是在“巴西世界杯”赛事节目的节选中剪辑并制作成涉案短视频，但未关注赛事节目的著作权的归属问题，因而导致了侵权案件的发生。

3.对角色商品化权的保护

1993年，世界知识产权组织（WIPO）公布《角色商品化权研究报告》，对“角色商品化的概念”进行详细介绍。

大型体育赛事往往会设计特定的吉祥物形象，故而产生角色商品化权。目前，我国法律并未明确规定该种权利类型，但是在司法判决中已经出现相关的判例。例如，丹乔公司与商标评审委员会行政纠纷案[1]。角色商品化权作为一种新兴的知识产权，处于权利的边缘地带，我国法律并未明确规定其概念，在实践中，如何保护吉祥物等的角色商品化权将

---

1 北京知识产权法院（2017）京73行初7840号行政判决书。

会成为一个新的问题。

案例7

“JAMES BOND”案[1]

针对第三人谢某珍提出的“邦德007 BOND”商标申请，丹乔公司向法院提起诉讼，要求撤销其注册。商标局在（2007）商标异字第05075号裁定中认定著作权保护作品的形式及内容，而非作品名称本身，丹乔公司并未在相关类别在先申请或注册被异议商标，丹乔公司称谢某珍恶意抄袭其商标及侵犯其著作权的异议理由不能成立。丹乔公司认为：“007”与“JAMES”是由丹乔公司制作的影片中主要人物的绰号和名称，该作品具有原创性，并由丹乔公司拥有著作权、商标权以及人物形象的商品化权利。对于丹乔公司提出的异议复审理由，商标评审委员会认定不能成立，并根据《商标法》（2001年修正）第33条、第34条，决定对其提出的异议商标给予注册。

〔2010〕第04817号裁定系被告商标评审委员会针对原告丹乔公司就第三人谢某珍注册的第3121466号“邦德007 BOND”商标（以下简称被异议商标）提出的商标异议复审申请而作出的。商标局认定谢某珍并未恶意抄袭丹乔公司的商标及侵犯其著作权，故裁定准予被异议商标注册。

本案的焦点问题可以归纳为：①被异议商标与丹乔公司的“007视图”“JAMES BOND”商标（以下简称引证商标）是否构成近似商标；②被异议商标是否侵犯丹乔公司的在先著作权；③引证商标是否属于驰名商标，被异议商标是否构成对引证商标的恶意抄袭和摹仿；④谢某珍的行为是否构成以欺骗手段或其他不正当手段取得商标注册的行为，被

1 北京市第一中级人民法院（2010）一中知行初字第2808号行政判决书、北京市高级人民法院（2011）高行终字第374号行政判决书。

异议商标的注册是否有害于社会主义道德风尚或者有其他不良影响。

三、体育赛事中的转播权

（一）体育赛事转播权的概念辨析

1.基于文献分析的概念界分论争

体育赛事组织者是体育赛事产生、运作、对外转播的核心主体。正如前文所述，在本次修订《体育法》前，在法律层面没有明确规定体育赛事组织者转播权。对这一权利来源有三种主流学说：①“赛场准入者权利说”，即比赛主队拥有拒绝他人进入比赛场地的权利。拥有该权利的前提是主场俱乐部拥有转播体育赛事的权利，这就意味着可以拒绝未获取授权的媒体携带转播设备进入赛场。但这种学说无法适用于在公共领域开展的比赛。②“娱乐服务提供说”，该学说将转播行为视作体育赛事组织者为转播方提供了精彩的娱乐服务，虽然对双方的权利义务进行了说明，但无法解释为什么转播方要比观众缴纳更多的费用。③“企业权利说”，该学说将体育俱乐部认定为法律意义上的“企业家”，认为俱乐部运营体育赛事是开展了一项经济活动，承担着风险，其产生的结果是体育比赛本身，应该受到法律的保护。但该学说也存在不合理之处，对于已经购买了赛事的相关门票从而进入场馆的观众对赛事进行拍摄和实时直播的行为，赛事的组织者就无法基于对赛事场馆的所有权以及使用权等权利对此行为进行禁止。此外，我国学者在前述学说的基础上，根据我国现有法律规定，形成场所权说、著作权说和章程合同权说等不同的论证[1]。

---

1 袁钢,李珊.体育赛事组织者转播权的数据财产属性——基于《民法典》和新《体育法》的法教义学分析[J].上海体育学院学报,2022,46(10):23-32,75.

在既有研究成果中“体育赛事转播权”混用现象较为严重，这源于对“体育赛事转播权”一词指向的权利主体、客体没有进行严格区分。在多数情况下，“体育赛事转播权”在著作权法体系下进行讨论，其法律属性常被界定为著作权或邻接权。但有时体育法学者讨论的“体育赛事转播权”，实际是指“体育赛事组织者转播权”，而不是著作权性质的转播权利。例如，有学者认为目前体育赛事转播权还不是一项法律规定的权利；还有学者否定过去对体育赛事转播权性质的“一元论”，因为任何一种观点和学说都无法囊括复杂的体育赛事转播权的完整意义；更有学者认为体育赛事组织者应享有赛事转播权。

简言之，体育赛事组织者转播权是“源”概念，重点关注权利的原始取得，重点解决权利从哪里来的问题；体育赛事转播权是“流”概念，重点关注权利的继受取得，重点解决权利如何获得法律保护的问题。体育赛事转播权的权利客体是“体育赛事直播节目”，而体育赛事组织者转播权的权利客体究竟是什么，则是本书需要解决的问题。

2.基于民事判决的概念界分论争

以体育赛事盗播案相关民事判决为例，判决中有关体育赛事转播权论争的核心问题是如何保护体育赛事直播节目，即现场体育赛事画面或直播信号应通过哪一条法律规定获得保护。对此，司法实践中的判决结果各异。部分法院将体育赛事直播节目定性为录像制品，通过信息网络传播权给予保护；有的认为应完善广播组织权的规定，对体育赛事的公用信号进行保护；有的认为可将其作为著作权法规定的“以类似摄制电影的方法创作的作品”加以保护。可见在实践中，由于法律滞后于体育赛事的发展需要，不同法院在解决体育赛事直播节目纠纷上所运用的法条不同，甚至陷入无法可依的困境。

体育赛事组织者转播权在相关民事判决中往往出现在事实认定的第一部分，即法官首先要认定赛事权利的来源，判决认定大同小异。例如，在新浪诉凤凰网一案的判决中，法官基于《中国足球协会章程》对该权利内容的规定，认定中国足球协会享有该项权利。但学界对体育赛事组织者章程的法律效力存在不少质疑。章程只是体育组织自主制定的，在其行业领域具有权威性和约束性，但不能约束行业领域外的自然人、法人和其他组织。如果不能从学理上为体育赛事组织者的权利，尤其是为体育赛事组织者转播权找到合理、合法的依据，就始终无法正面回应这些质疑。

（二）体育赛事转播权的归属问题

体育赛事转播权的权利客体是“体育赛事直播节目”。随着互联网的高速发展，依靠互联网数字化信息和新媒体平台，体育赛事转播权作为一种商业形式炙手可热。前几年一直不温不火的咪咕视频，转战至各大小体育赛事的直播，更是在2022年世界杯中拿下转播权，这使得咪咕视频又活跃在大众视线中。随着各大App争夺体育赛事的转播权，体育赛事直播炒得热火朝天。美国职业橄榄球大联盟比赛，是美国传统电视上的热门节目之一。其中的“周日球票”转播权的谈判在业界备受关注，转播权花落谁家，合同费用、交易结构都会对体育、媒体和科技行业的未来产生巨大影响。各大行业对体育赛事的关注度不断上升，而其中的问题也不断凸显。从被称为“中国体育赛事转播著作权第一案”的新浪诉凤凰网案，到当代明诚将与西甲联盟终止双方的版权协议，转播权一直是体育赛事中一项备受争议的权利。

体育赛事转播权一般被认为属于《著作权法》下的著作权或邻接权，但对其更为具体的划分一直存在争议，有学者认为体育赛事转播权属于信息网络传播权或广播组织权，也有学者认为应当适用“以类似摄制电影的方法创作的作品”加以保护。

著作权基于作者的创作自动产生，邻接权则是基于传播者的加工、传播行为而产生。如果将体育赛事直播节目界定为以类似摄制电影的方法创作的作品，权利主体享有的是著作权；如果将体育赛事中的节目定义为广播电视作品，权利主体享有的是邻接权。权利的不同会导致保护程度和保护范围的差异，因此，权利属性的判断对权益保护有至关重要的作用。因此，对体育赛事直播节目如何定性，授予什么类型的权利给予保护，是解决体育直播节目保护问题的出路。

笔者认为之所以存在上述这种法律性质的争议，本质上是因为体育赛事转播权自身概念的范围过大，而且这一权利实际上来源于《体育法》的规定。所以体育赛事转播权在著作权法的视野下可以被视为一种权利束，在不同的情况下具体分析其法律性质。在电子竞技方面，从目前电竞赛事所涉及的电子游戏原始画面来看，其故事设计精巧，角色具有个性，音乐、文字等元素均折射出游戏开发者的智慧，对细节的处理和打磨也吸引了众多的游戏玩家，这与部分将游戏常用元素常规组合而形成的简单游戏有着本质上的不同。因此，对于原始游戏画面，其独创性不可否认，当然属于智力成果的范畴。而“以一定形式表现”这一条件，却引发诸多探讨。笔者认为，虽然原始游戏画面中的故事线开展、人物技能等需要游戏玩家操作触发，但是玩家操作下所呈现的效果，仍然包含在游戏开发者的预设范围之内，不同玩家按照游戏规则进行相同操作，将会呈现相同或相似的效果。因此，在游戏玩家参与之下所呈现的画面，可以看作游戏玩家对游戏开发者所预设的无数种情形的选择。但并不否认不同玩家即使进行相同的操作也会因为技术水平的差别引发视觉效果上的差异，并不能据此否定原始游戏画面可以“以一定形式表现”，故其属于作品。下列案例分析中也将以电竞方向案例进行具体阐述。

但在分析这一问题前还需要明确一个前提，即体育赛事本身不是《著作权法》保护的作品。美国联邦第二巡回上诉法庭NBA诉摩托罗拉案、欧盟法院2011年英国足球超级联赛案，说明体育赛事并非以展示文学艺术或科学美感为目标，不属于艺术、文学和科学领域内的智力成果。所以，对体育赛事转播权的保护不适用狭义著作权的规则，而是适用邻接权的规则。以下就具体分析案例。

案例8

NBA诉摩托罗拉案[1]

1986年，摩托罗拉公司推出了一款可以向用户快速提供NBA信息的呼机，这些信息包括比分、控球方、罚球等，其速度比实况晚2分钟。由于这一原因，NBA向美国纽约州南区法院提起诉讼，以滥用职权、违背《美国兰哈姆法案》和发布虚假广告为由对摩托罗拉公司提起诉讼。美国纽约州南区法院认为，基于普通法的滥用行为，判决了这一禁令，但并不存在侵犯著作权和虚假广告的问题。法院认定，诸如篮球这样的体育比赛活动并不构成版权法上的作品，而比赛的转播则符合版权法上作品的要求，应当成为版权法的保护对象。因为《美国版权法》第102条A款所列举的八类作品中，没有一类是与体育比赛相似的。但是在1996年，本案件被上诉至美国联邦巡回法院，并且在1997年1月30日，该法庭推翻原审法院的裁决，并撤销了禁令。而被告公司的行为，都是以事实为依据，并不涉及版权法所保护的最核心要素，即比赛的表述与描述，因此并不存在侵权行为。按照美国的法律，比赛的主办方享有比赛的财产权利，如果有第三方在没有得到主办方允许的情况下，企图利用比赛获得商业收益，将被认为是一种侵犯财产权的行为。法官也是对“赛事事件”以及“赛事节目”进行了区分。

迄今为止，《著作权法》已进行了三次修改，《著作权法》对一项权

1 United States Court of Appeals for the Second Circuit No.105 F.3d 841 (2d Cir. 1997).

利的保护并不是绝对的，除了保护作品的创作，还要鼓励作品的传播。在《著作权法》（2010年修正）中，对网络直播这一新的传播方式是不是侵权，法律没有给出清晰的规定。并且电子竞技、抖音等的网络直播呈现迅猛的增长速度。《著作权法》（2020年修正）中将“电影作品或者以类似摄制电影的方法创作的作品”修改为“视听作品”。此外，在什么情况下属于著作权的范畴，是值得案件分析着重关注的方向。

正是转播权中的巨大利益，让许多不法商家觊觎。正因如此，《著作权法》（2020年修正）加大了侵权的惩罚力度，不仅将酌定赔偿金额从此前规定的50万元上限一举提高到500万元，还突出了对恶意侵权的惩罚性赔偿机制，侵权人恶意播放他人持权的视听作品的，法院可以在权利人的实际损失、侵权人的违法所得、许可使用费这三种计算方式的基础上再加判一至五倍给予赔偿。

案例9

体奥动力案[1]

在未被授权的情况下，土豆网公司在其经营的网站（www.tudou.com）上转播2010年的亚洲足球联赛冠军比赛，并且在转播期间进行牟利，严重侵犯了体奥动力公司享有的独家网络传播权，于是原告依据《物权法》（已废止）第2条，将此体育赛事节目当作一种动产，以其权利受到侵害为由提起诉讼，要求被告对于其受到的经济利益损失给予赔偿。

但依据《物权法》（已废止）的规定，物权的种类和内容由法律规定。原告主张其受到侵害的独家播放权系物权属性的权利，但我国法律并未对赛事组织者的权利作出规定，故原告体奥动力公司主张的

1 上海市第一中级人民法院（2013）沪一中民五（知）终字第227号民事判决书。

该权利缺乏法律依据。法院最后驳回原告体奥动力公司的诉讼请求。

但体奥动力公司再次上诉，二审[1]中关于上诉人主张的权利能否得到支持的问题和关于一审程序是否违法的问题进行解释，上诉人提出的一审限制其进行法庭质证，侵犯其诉讼权利的上诉理由，因缺乏相应的证据，法院不予采信。

案例10

伦敦奥运会开幕式侵权案[2]

据了解，2009年3月25日，国际奥委会将伦敦奥运会的独家移动网和互联网的广播权和展览权授予中国中央电视台，签订相关协议并经公证、认证。2009年4月20日，中国中央电视台出具授权书一份，决定将其拍摄、制作或广播的，享有著作权或与著作权有关的权利，或获得相关授权的该台所有电视频道及其所含的全部电视节目通过信息网络向公众传播、广播、提供的权利，授权央视国际公司在全世界范围内独占行使，并授权其作为上述权利在全世界范围内进行交易的独家代理，央视国际公司作为上述权利的独占被授权许可人，可以以自己的名义对外主张、行使上述权利。在2012年7月28日（伦敦时间2012年7月27日），第30届奥林匹克运动会开幕式正式在伦敦举办，但是在开幕式的次日，土豆网上便出现了开幕式的相关视频。2012年8月1日，央视国际公司向上海市静安公证处申请证据保全。央视国际公司代理人余晶使用该公证处已接入互联网的计算机进行如下操作：打开IE浏览器，输入www.tudou.com，查看土豆网相关介绍、信息网络传播视听节目许可证、网络文化经营许可证、广播电视节目制作经

1 体奥动力诉土豆网侵犯亚洲杯赛事播放权被驳[EB/OL].(2013-07-24)[2023-07-23]. http://iprchn.com/Index_NewsContent.aspx?NewsId=62359.

2 上海市闵行区人民法院（2013）闵民三（知）初字第241号民事判决书、上海市第一中级人民法院（2013）沪一中民五（知）终字第227号民事判决书。

营许可证等内容，显示该网站由全土豆公司所有，其具有信息网络传播视听等相关资质；在“土豆网”网站首页搜索框输入“开幕式2012伦敦奥运会完整版”，点击播放由播客“七星0311”于3天前发布的“2012伦敦奥运会开幕式”（该视频播放次数为97494次，播放框左上方有“CCTV”及奥运五环标志，右上方有“直播”字样，视频内容涉及文艺表演、运动员进场、火炬传递及点燃仪式等，视频解说明确播放的是伦敦奥运会开幕式），播放中用“Camtasia Recorder”屏幕录像软件对部分播放内容进行录制，并对部分页面进行网页截屏。2012年8月8日，国际奥委会总经理Christophe De Kepper和法务部主任Howard M. Stupp出具了一份名为《敬启者》的文件，称国际奥委会是2012伦敦奥运会广播权和展览权在全球范围内的独家所有者。

2009年3月25日，国际奥委会将伦敦奥运会的独家移动网和互联网的广播权和展览权授予中国中央电视台，因此，经过授权的中国中央电视台遂将全土豆公司诉至法院，请求判令全土豆公司赔偿经济损失人民币100万元及为调查和起诉所支出的公证费、律师费等合理费用共计5万元。一审判决全土豆公司赔偿央视国际公司经济损失8万元，合理费用7000元。全土豆公司不服，上诉至上海市第一中级人民法院，主要理由是伦敦奥运会开幕式现场节目不符合《著作权法》对作品独创性的要求，且涉案节目系网友上传，全土豆公司方面已经尽到合理注意义务，不构成帮助侵权。但二审法院认定上诉人全土豆公司的上诉理由均不能成立，原审认定的案件事实清楚、适用法律正确，所作判决并无不当。因此驳回了全土豆公司的上诉，维持原判。

案例9与案例10两件案件被告和法院都没有发生变化，并且两件案件的情况均涉及体育赛事网络转播侵权纠纷问题。然而，上海市人民法院的判决结果却截然相反。针对不同的判决结果，主要原因其实在于权利依据的区别，在伦敦奥运会开幕式侵权案中，法院认定土豆网侵犯了央视国际公司所持有的关于伦敦奥运会开幕式节目的著作权。而亚洲杯足球赛的单场比赛，被认定为不构成著作权意义上的“作品”，因此体奥动力公司就比赛本身所拥有的转播权，不属于著作权的范畴，无法受到《著作权法》的保护。

《著作权法》上需要保护的“作品”，最核心的要素是“独创性”的体现，以这个标准为依据，可以看出奥运会开幕式和单场体育比赛的区别。法院在两份判决中认定前者“节目内容的编排和设计、对参与者表演活动的指导等方面都反映了参与创作者独特的安排和个性化的选择”，可以作为作品予以保护；后者则是“客观发生的，没有版本的事先设计，结果亦不可确定，其具有唯一性和不可复制性，故不属于著作权客体的范畴”。

案例11

耀宇诉斗鱼案[1]

我们再看另外一项体育运动，这是一项于2003年11月被国家体育总局列为99项正式赛事的体育运动，它就是电子竞技。本案件涉及了耀宇公司和斗鱼公司，并且这是国内发生的第一起电子竞技比赛的直播纠纷案。本案例的起因是在电子游戏Dota 2（中文名称《刀塔2》）的比赛中发生了盗播侵权行为。而该案也被《人民法院报》评为“2016年度人民法院十大民事行政案件”。

在一审当中，判决书中写道“由于我国著作权法等法律法规对赛事等活动的转播权并未作出规定，故原告主张的视频转播权不属于法定的著作权权利，不能基于所谓的视频转播权直接给予原告著

1 上海市浦东新区人民法院（2015）浦民三（知）初字第191号民事判决书、上海知识产权法院（2015）沪知民终字第641号民事判决书。

作权方面的保护”。从法院的观点来看，法院认可体育比赛本身不构成著作权法上的作品这一通说。二审法院认为，斗鱼公司未对涉案赛事的组织运营进行任何投入，也未取得视频转播权的许可，却坐享耀宇公司投入大量人力、物力、财力组织运营的赛事所产生的商业成果，为自己谋取商业利益和竞争优势，其实际上是一种“搭便车”行为，夺取了原本属于耀宇公司的观众数量，导致其网站流量严重分流，影响其广告收益能力，损害其商业机会和竞争优势，弱化其网络直播平台的增值力。因此，斗鱼公司的行为违反了《反不正当竞争法》中的诚实信用原则，违背了公认的商业道德，损害了耀宇公司合法权益，破坏了市场竞争秩序，具有明显的不正当性，构成不正当竞争，故判决驳回上诉，维持原判。从体育赛事转播权的商业利益出发，法院一审与二审的观点与美国“匹兹堡运动公司诉KQV广播公司案”中法院的观点是完全一致的，认可了体育赛事转播权中的商业利益。

在现实中，即便是一些剧情类游戏的开发者也可能基于这样的缘由，故意“纵容”未经授权的直播行为，从而提高自身产品的知名度。2019年举办的Gamelab大会中，交互式电影冒险游戏《逃出生天》的创意总监Josef Fares、《底特律：变人》的创意总监David Cage在演讲中表示，视频平台YouTube和直播平台Twitch不仅没有对游戏销量产生危害，反而让游戏卖得更好。在游戏直播中，通常不能展现出一款游戏的完整面貌，因为这些游戏的分支众多，结局各异，所以玩家们在观看直播的过程中，并不能充分满足自己的好奇心，因此他们还是会选择购买游戏，然后自己去体验。

对于主播解说并直播的行为，有学者认为这是一种对原游戏作品的演绎，因为这些新增的个性化内容与游戏本身画面结合在一起，形成最终对外传播的游戏画面。但也有学者持反对意见，因为我国《著作权法》将演绎行为明确界定为“改编、翻译、注释、整理”四类。与传统的演绎行为类比，将主播的解说、直播行为视为演绎似乎也有不妥。

案例12

网易诉华多侵害著作权及不正当竞争纠纷案[1]

网易公司主张其享有《梦幻西游》网络游戏的著作权，其以华多公司擅自在其经营的YY、虎牙直播平台上开设直播专区、组织主播人员直播上述网络游戏，构成侵害著作权及不正当竞争为由诉至法院，请求判令华多公司停止侵权、赔礼道歉和赔偿网易公司1亿元等。

法院认为，涉案游戏连续动态画面属于文学、艺术领域具有独创性并能以有形形式复制的智力成果，符合类电作品实质特征，可归入类电作品范畴。从作品使用行为的性质和目的、被使用作品的性质、被使用部分的数量和质量、使用对作品潜在市场或价值的影响等因素综合考虑，被诉游戏直播行为基于商业营利目的，使用涉案游戏的独创性表达，使用部分的比例超出合理限度，实质上不合理地损害游戏著作权人合法利益，不能认定为合理使用行为。

本案明晰了角色扮演类网络游戏的连续动态画面可依著作权法保护的审理思路，详细阐述了游戏直播是否构成合理使用的判断标准。在一审中，法院基于原始游戏画面创作过程中包含大量与“摄制电影”的艺术手法类似的呈现手段，将其认定为类电作品。在二审中维持了原判。其中涉案电子游戏连续画面是否构成作品，具体为何种作品？涉案电子游戏直播画面是否具有独创性而成为新的作品？华多公司涉案行为是否构成不正当竞争，是否构成著作权侵权？这些都是公开庭审中争议的焦点问题。

1 广州知识产权法院（2015）粤知法著民初字第16号民事判决书、广东省高级人民法院（2018）粤民终字第137号民事判决书。

案例13

中国电信诉苏宁案[1]

苏宁体育公司认为，中国电信公司浙江分公司（以下简称浙江电信）和中国电信公司杭州分公司（以下简称杭州电信）侵犯了其享有的信息网络传播权。中国足球协会批准中超联赛有限责任公司作为代理机构管理和发展中超联赛的互联网和各种媒体版权权利，并授权了其2019年所有官方赛事、开幕式和颁奖典礼提供独家互联网视频版权，包括但不限于互联网、IPTV等新媒体。因此，苏宁体育公司根据法律获得2019年中超联赛节目的独家信息网络传播权。而浙江电信和杭州电信作为浙江地区和杭州地区的"电信IPTV"的运营商及经营者，在未经原告授权的情况下，向公众提供2019赛季中超联赛"2019赛季中超联赛—第八轮—广州恒大VS北京国安"比赛的点播服务，不但侵害了原告信息网络传播权，而且扰乱了有序的市场秩序以及良性竞争环境，构成了不正当竞争行为。

浙江电信和杭州电信在杭州地区经营的浙江"电信 IPTV"具有较大的用户群，其传播方式影响了原告相关公司网站的传播效应，导致原告的部分用户流量被转移，同时对原告独家转播赛事的广告效应产生了消极影响，从而大大削弱了原告在中超联赛中的商业合作价值。两被告未经官方许可，也未购买转播权，擅自转播赛事节目，严重破坏了正常的著作权市场秩序，违反了市场的公平和信用。

（三）体育赛事转播的相关权利方

关于权利主体的问题，体育赛事权利人一般存在如下几方主体：赛

1 北京互联网法院（2022）京0491民初22297号民事裁定书、北京知识产权法院（2023）京73民辖终36号民事裁定书。

事组织者、赛事转播商、赛事的中国地区版权运营商。

第一，如果是赛事组织者，那么其对赛事享有的是许可他人直播的一种体育赛事转播权。目前，我国法律对体育赛事运营过程中的相关权利及权利主体并没有明确规定，体育赛事转播权并不是一个法律术语，而是新闻媒体和体育行业长期使用的约定俗成的用语。

以意大利足球甲级联赛为例，意大利足球甲级联赛是意大利足球甲级联盟将每轮的联赛通过电台、电视台或网络等媒体向公众传播，并据此获得报酬。这种权利目前在中国知识产权法的著作权领域没办法定性，只能认定为一种财产权。此种所谓的“转播权”，通过体育赛事的组织章程或相关协议约定产生，可以理解为体育赛事组织者授权媒体组织播送或播放体育赛事以获取经济收益的权利。因此，如果据此想进行维权，只能通过合同以及民法的有关规定，通过侵权的方式进行主张，存在一定难度，因为司法实践和理论对此权利的定性存在争议。比如在体奥动力诉土豆网一案中，法院明确指出体奥动力获得的转播权属于一项商业权利，并不是著作权中的一项专有权利。

第二，如果是比赛直播的信号制作者，情况则存在不同，目前司法实践对于体育赛事直接形成的赛事录像是否可以认定为著作权法意义上的作品存在争议。《著作权法》（2020年修正）施行后，删除了类电作品概念，引入视听作品概念，相对范围扩大，而且对于独创性的要求似乎慢慢往“额头出汗”原则上靠拢。因此，体育赛事转播后直接形成的赛事录像，似乎有一定被认定为作品而予以保护的空间。考虑整个赛事的商业价值和整个体育产业的社会价值，进行版权化认定存在较大概率，因此可以尝试进行著作权法意义上的侵权主张，以比赛直播的信号制作者为权利人进行主张，但是鉴于著作权法引入视听作品的概念之后，还未有类似相关案例，法院如何认定我们只能拭目以待。

第三，如果是相关赛事集锦节目的制作者，由于相关集锦往往伴随着解说、背景介绍以及相关赛后剪辑点评、球员教练专访等内容，这种独创性显然高于比赛录像本身，这个认定为是一种具有独创性的作品类型问题不大，可以基于著作权法进行主张，这里不再赘述。

第四，如果是其他相关权利方，则需要审核授权文件来确定权利类型，以此来看是属于上述哪一种类型，然后确定维权方案，同时务必审核清楚权利链条，一环都不能少，体奥动力诉土豆网一案中，其中一个败诉原因就是权利链条存在缺失。

综上所述，对体育赛事享有的转播权和对体育赛事节目享有的著作权，是两种不同性质且互相独立的权利。二者是体育赛事举办播出过程中先后产生的权利，互不冲突和重叠。但在实践中，二者通常会交织在一起授权。因为著作权具有可转让性，体育赛事组织者通过合同授权转播商对体育赛事进行拍摄制作，并约定转播商所拍摄制作的体育赛事节目的著作权归属体育赛事组织者，再由赛事组织者反过来授权给转播商独占使用，即“授权（转播权）+转让（著作权）+再授权（著作权）”的模式。因此需根据具体情况具体分析，但由于当前司法实务界存在相关理解的差异，各方权利主体维权存在不同程度的困难，这个会在后文详细分析。

在悉尼奥运会之后，国际奥委会第一次公开表示，自2003年8月31日，国际奥委会、奥组委和转播商签署北京奥运会转播协议后，体育赛事转播权的价格有了明显上涨，尤其是网络转播权。2015年2月，英超2016年至2019年的转播权竞拍尘埃落定，一共7个转播包，天空电视台拿下5个转播包，BT体育拿下2个转播包，这三年的英国本土转播权，英超联盟卖出了惊人的51.36亿英镑。2019年，当腾讯以5亿美元拿下NBA的版权时，业内仍有一些质疑的声音。然而，这仅仅是开始。当体奥动力以5年80亿元拿下中超版权时，外界似乎明白天价版权时代真的到来了。版权暴涨的背后，是资本对顶级体育IP的强势争夺。但是，体育赛事节目转播的网络侵权已经成为当今世界各大体育机构和新媒体媒介体育共同面对的一大难题。[1]依据上述案例分析，可以将体育赛事侵权视频分为以下几种类型。

1.直接盗播行为——盗链比赛转播

由于盗播技术门槛低、法律维权成本高、公众版权意识仍待提高等，当前网络盗播体育赛事仍然屡禁不绝。根据冠勇科技发布的《2017赛季中超联赛监测报告》，2017赛季中超联赛被侵权场次为240场，侵权比例为100%，共发现直播侵权平台57个，直播侵权链接数1248条；点播侵权平台38个，点播侵权链接数76416条。如此肆无忌惮的盗播行为无疑会对版权购买者造成重大损失，从长远来说也势必会破坏体育赛事繁荣发展。以下对比赛同步盗播的相关案例进行分析。

案例14

盗播奥运火炬传递节目案[2]

2008年5月8日，原告央视国际公司发现，被告世纪龙公司通过其网站的信息网，对奥林匹克火炬在珠穆朗玛峰上的活动进行了现场直播，原告认为自己的法律权益遭到了严重侵犯。而被申请人认为，爬珠峰是一项没有可重复性的活动，因而不得受版权法的保护。央视国际公司认为，世纪龙公司的行为严重侵犯了其合法权益，所以向法院提起侵权诉讼，要求世纪龙公司在其经营的网站首页及《中国电视报》上发表声明，公开赔礼道歉，并赔偿经济损失合计410万元。法院判决如下：《圣火照亮珠峰》这一节目，是一种与电影相似的摄制方法所形成的作品，具有原创性。依据《著作权法》（2001年修正）第10条第1款第12项，被告的行为构成对原告享有的信息网络传播权的侵害。一审宣判后，双方当事人表示服从判决。

1 宋雅馨.美国体育赛事反网络盗播案例研究[J].武大国际法评论,2016,19(2):371-386.

2 广东省广州市中级人民法院（2008）穗中法民三初字第352号民事判决书。

原告与被告之间的焦点在于谁享有节目著作权，央视国际公司认为该直播节目是独占授权通过信息网络向大众进行的公众传播；而世纪龙公司则认为该节目的原始著作权并不在央视国际公司中，台标不能作为独占的依据。双方据理力争，最后法院判定央视国际公司获得了中央电视台授予的信息网络传播权，其合法权益应受法律保护。本案以及诸多“非法转播奥运赛事案件”的处理，更是为亚运会知识产权的保护起到了示范作用，为后来广州亚运会提供了有益借鉴。

案例15

网络转播德国VS巴西女足赛案[1]

在广州市中级人民法院审理的原告央视国际公司诉被告世纪龙公司侵犯著作权纠纷一案[2]中，原告央视国际公司基于国际奥委会和中央电视台的授权，取得2008年北京奥运会所有体育赛事直播或录播节目的独占许可使用权，包括通过信息网络向公众传播、广播的权利。被告世纪龙公司未经许可，通过其经营的www.21cn.com网站对中央电视台“CCTV——奥运频道”正在直播的“德国VS巴西”女足比赛节目进行网络同步实时播放。基于此，原告央视国际公司以其对涉案德巴女足比赛节目享有录音录像制作者权和广播组织者权作为请求权基础，要求被告世纪龙公司停止侵权、赔礼道歉，并赔偿其经济损失210万元。

广州市中级人民法院经审理认为，原告央视国际公司所主张的德巴女足比赛，是广大观众在屏幕前观看的经摄制而成的电视节目，其与比赛现场所进行的比赛有所不同，中央电视台是该电视节目的拍摄者，该节目的独创性主要体现在对现场比赛的拍摄及解说，包括机

1 祝建军.体育赛事节目的性质及保护方法[J].知识产权,2015(11):27-34.

2 广州市中级人民法院（2010）穗中法民三初字第196号民事判决书。

位的设置、镜头的选择、主持、解说和编导的参与等方面，但其作为以直播现场体育比赛为主要目的的电视节目，在独创性上尚未达到电影作品和以类似摄制电影的方法创作的作品的高度，特别是其中对于比赛进程的控制、拍摄内容的选择、解说内容的编排等方面，摄制者按照其意志所能做出的选择和表达非常有限，摄制者并非处于主导地位，但中央电视台在摄制德巴女足比赛的过程中体现了一定的独创性，根据我国《著作权法实施条例》（2002年）第5条第3项的规定，应当将中央电视台拍摄的德巴女足比赛作为录音录像制品予以保护，中央电视台对其享有录音录像制作者权。我国《著作权法》（2010年修正）第45条第1款规定，广播组织者权的行使主体仅限于广播电台、电视台，法律没有规定允许广播电台、电视台将该权利授予其他主体行使，因此原告在该案中主张广播组织者权，不予支持。被告世纪龙公司未经许可通过其网站实时转播中央电视台正在直播的德巴女足比赛，构成对原告央视国际公司作为录音录像制作者的信息网络传播权的侵害，判决被告世纪龙公司赔偿原告央视国际公司经济损失20万元。一审宣判后，双方当事人表示服从判决。

案例16

央视国际公司与珠海创嗨新公司等诉前行为保全案[1]

2022北京冬奥会举办期间，“手机电视直播大全”软件通过转播中央广播电视总台“CCTV5+”等电视频道的方式，向公众提供2022北京冬奥会赛事节目的在线观看服务。而被申请人创嗨新公司是安卓手机应用软件“手机电视直播大全”的运营主体。

法院经审查认为，2022北京冬奥会赛事节目是具有独创性的视

1 上海市浦东新区人民法院（2022）沪0115行保1号民事裁定书。

听作品。申请人央视国际公司经合法授权，独占享有通过信息网络向公众传播、广播、提供2022北京冬奥会赛事节目的权利及分授权的权利，并有权进行维权，其请求保护的知识产权效力稳定。被申请人创嗨新公司未经许可，在其运营的手机直播软件上，通过信息网络向公众传播、广播2022北京冬奥会赛事节目，申请人的行为保全请求具有事实基础和法律依据。因此法院认为申请人就创嗨新公司的诉前保全申请具有事实和法律依据，若不及时制止创嗨新公司的行为，会对央视国际公司造成难以弥补的损害，且诉前保全本身系为防止利益持续受损或损害结果扩大的合理措施，不会实质影响软件正常运营，在央视国际公司已提供担保的情况下不会造成当事人间利益显著失衡，也不会损害社会公共利益，因而裁定支持央视国际公司对创嗨新公司的诉前保全申请。一审宣判后，双方当事人表示服从判决。

冬奥会具有极大的社会关注度和影响力，相关赛事节目属于时效性极强的热播节目，具有极高的经济价值，能够给版权人带来较大的经济利益。一些企业企图通过非法盗播赛事牟取利益。本案裁定不仅针对已经及正在盗播北京冬奥会赛事节目的行为，也针对未来可能发生的盗播北京冬奥会赛事实况节目的行为，是对于即发侵权行为作出的诉前禁令。裁定在北京冬奥会举办期间作出，及时、有力地保护了北京冬奥会的赛事传播秩序，维护了北京冬奥会的知识产权保护环境，受到社会和媒体的广泛关注。此案也是在《著作权法》（2020年修正）施行后，使用该法对其进行解释，规定权利人可以申请责令作出一定行为或者禁止作出一定行为等措施，除了包括“禁止作出一定行为”，也可以包括“禁止尚未发生的行为的作出”，为诉前禁令提供了有力证明。

2.未经许可随意上传比赛录像

体育赛事节目究竟是作品还是录像制品呢？毕竟作品受著作权保护，录像制品受邻接权保护，二者的保护力度存在较大区别。著作权基于作者的创作自动产生，邻接权基于传播者的加工、传播行为而产生。

案例17

“陪伴式”直播不正当竞争纠纷案[1]

“陪伴式”直播不正当竞争纠纷案是网络平台主播“陪伴式”直播奥运赛事节目被认定构成不正当竞争的典型案例。较之传统的视频盗播行为，被诉行为在国内首次采用“浏览器+加框链接+主播互动”模式嵌套他人网页进行直播。里约奥运会期间，央视国际公司发现新传在线公司、盛力世家公司未经许可，将“正在视频直播奥运会”等作为百度推广的关键词，吸引用户访问其网站并下载“直播TV浏览器”，可直接观看央视国际公司直播的奥运赛事。法院在秉持激励创新与保护合法权益并重的前提下，对被诉行为是否构成不正当竞争进行了严格细致的论证，刺破看似互联网技术创新的面纱。央视国际公司以新传在线公司、盛力世家公司的上述行为构成不正当竞争为由提起诉讼，请求两公司赔偿经济损失500万元。北京市东城区人民法院一审认为构成不正当竞争，遂判决全额支持央视国际公司的诉讼请求。盛力世家公司不服一审判决提起上诉，北京知识产权法院二审认为新传在线公司、盛力世家公司在涉案网站设置“奥运（Rio2016）”专题栏目，对奥运赛事节目的链接进行排列、整理，涉案直播浏览器全程、实时利用央视国际公司网站的奥运赛事节目增加主播直播内容、与观众互动，并借机牟利的行为违反诚实信用原则和商业道德，实际损害了央视国际公司的利益，扰乱了公平竞争的市场秩序，具有不正当性。故盛力世家公司与新传在线公司的上述行为违反了《反不正当竞争法》（1993年）第2条的规定，构成不正当竞

1 北京市东城区人民法院（2016）京0101民初22016号民事裁定书、北京知识产权法院（2019）京73民终2989号民事判决书。

争。因此判决驳回上诉，维持原判。

本案强调任何具有创新性的竞争行为均应充分尊重竞争对手在技术研发或信息获取、使用过程中的付出，不得不合理地借用他人的竞争优势为自己谋取交易机会，对他人的正当经营模式产生不当干扰。这为经营者划定了清晰的行为界限，为直播行业等网络新业态、新模式的发展提供了明确的指引，也彰显了加大保护奥运知识产权、坚决惩治严重侵权行为的决心。

3.对赛事进行剪辑并制作视频

一些企业利用已有的比赛进行剪辑，制作全新的节目，现场拍摄比赛画面剪辑后形成Vlog。例如，在央视国际公司诉暴风公司（再审）一案中，央视国际公司认为其获得通过信息网络向公众转播2014年巴西世界杯比赛的授权，而暴风公司未经其许可，在其网站及其研发的播放器上，通过互联网络直接向公众提供3950段2014年巴西世界杯赛事电视节目短视频的在线播放服务，共涉及64场体育赛事节目。暴风公司未经授权许可擅自对涉案赛事节目剪辑并制作成涉案短视频而提供在线播放的行为，严重侵害了央视国际公司依法独占享有的通过信息网络向公众提供涉案赛事节目的权利。尽管在该案中法院将央视国际公司主张的、涉案体育赛事节目定性为录像制品而非类似电影作品，但仍肯定了暴风公司构成侵权的事实。

（四）体育赛事品牌版权的保护

赛事转播权随着体育赛事的发展，逐步成为核心保护内容。体育赛事版权一直是体育产业的核心资源，2017年，PPTV耗资13.5亿元，取得了中超新媒体一年的转播权。“转播”一词，在日常生活中多被理解为“广泛传播”，在《现代汉语词典》中被定义为“（广播电台、电视台）播送别的电台或电视台的节目”。“现场实时播送”是人们对“直播”的普遍理解，“直播”在《现代汉语词典》中被定义为“广播电台不经过录音或电视台不经过录像而直接播送”。而学界对于体育赛事转播权的界定也言人人殊，通常，学界会单一地将体育赛事转播权认定为体育赛事的组织者、主办方等所享有的对赛事活动通过不同形式的媒体进行直播或通过讲解、加工、剪辑等手段以短视频等形式在互联网上进行播送，并在此过程中获得一定经济利益的权利。综上所述，体育赛事转播权从某种意义上看，更像是“转播”与“直播”的结合体。品牌版权的保护是当下所必须进行的。

品牌法律保护的第一道屏障是对赛事知识产权的保护。面对体育赛事，商标注册可保护主办城市及举办年、赛事会徽或吉祥物名称等主要标志，版权保护适用于会徽、吉祥物、火炬和赛事形象设计等作品，外观设计专利注册可保护吉祥物、火炬等三维物体或产品的二维设计，反不正当竞争法作为上述法律手段的补充对赛事知识产权进行兜底保护，域名注册是线上知识产权保护的必要手段。在知识产权保护中，赛事主办方应通过确权或权利转让的方式获得设计作品的所有权，这是知识产权注册和保护的前提。

此外，还应通过地方行政法规进行品牌保护。加强与当地政府合作，控制和管理媒体和网络宣传、标识展示、沿街售卖、道路占用、商业许可、兜售和商业推广活动、城市建筑设施使用、停车、空域、道旗、商业名称等，制止未经许可使用赛事知识产权或其他隐性营销行为。再者，对于跨境隐性营销，可利用与知识产权保护有关的国际条约加以制止。

某些情况下，为克服现行法律的不足，还需专门立法履行《主办城市合同》约定的反隐性营销义务，奥运会、国际足联世界杯等大型国际赛事甚至要求国家层面专门立法保护赛事知识产权。此外，赛时当地政府还需颁布法令，控制户外广告、场外赛事转播、街头兜售、隐性营销以及其他对赛事运行产生不良影响的行为。

合同限制也是品牌法律保护的有效途径。赛事筹办中的诸多法律关系由合同确定，包括赛事转播合同，赞助商合同，商品特许经营合同，非商业性授权合同，场馆租赁合同，场馆临时建设工程合同，产品与服务采购合同，工作人员劳动合同，志愿服务合同，设计人员、作者、摄影人员服务合同，演艺人员服务合同，运动员报名表，门票销售合同，持票人观赛条款和条件等。这些合同中应加入相应条款，构成对相对方的约束，条款内容包括商标权的归属、形象权的放弃、著作权的转让、职务作品的确认、赛事知识产权的保护、隐性营销的防范、场馆交付使用的条件、赛时场馆规则的遵守等。一旦签约，应确保对方完整准确地理解自己的权利和义务，认真履行合同。

第四章

体育用品品牌运营中的知识产权

我国体育用品品牌在近几年发展尤为迅速，国内李宁、安踏、特步等几大体育用品品牌在纷纷抢占国内市场的同时，也走向了国际市场。我国体育用品品牌在发展的过程中暴露出各种知识产权问题，而现行的相关法律对此方面的规定尚不全面，因此对体育用品品牌运营中的知识产权保护进行深入研究有着必要性和迫切性。本章对体育用品品牌相关概念进行归纳定义，深入分析我国体育用品品牌运营中的知识产权保护现状，同时与国外知名体育用品品牌运营中的知识产权保护进行比较分析，进而提出我国体育用品品牌运营中的知识产权保护建议。

一、体育用品品牌概述

（一）体育用品品牌的概念

时至今日，尽管体育用品品牌这个概念被广泛运用于实践和学术领域，并且在市场销售或其他场合中也被广泛提及和应用，但是笔者通过在中国知网、维普网、万方、EBSCOhost等中外文献数据库查阅“体育用品品牌”这一概念，发现目前国内对这一概念没有形成统一的共识，也没有作出明确的界定。

不同的学者对“体育用品品牌”这一概念的理解也不同。体育用品品牌是品牌中的一个细分，狭义地讲，就是指体育企业主体在市场竞争中创造出来的，得到社会认可的具有高知名度、高效益、高价值的产品。广义地讲，体育用品品牌至少应该包括体育用品的设计理念、体育用品的市场定位、体育用品的形象设计、体育用品的销售服务等一系列环节。[1]

对于体育用品品牌广义的定义讨论较多，钟天朗认为体育用品品牌是一种符号、标记、名称等，或者是它们之间的组合使用。[2]目的是区分不同的商品及其配套服务，产品及服务也是企业对手进行竞争的主要依据。体育用品品牌是一家企业产品与服务的象征，是消费者选择的依据，是体育用品质量和信誉的保证书。其中具有高知名度、高美誉度和强大号召力的体育用品品牌就是名牌。体育用品企业要想把自己的品牌做成真正成功的体育用品品牌，必须使自己的品牌具有真正的内涵。

1　万海波.我国体育品牌现状及发展策略研究[J].现代企业教育,2014(14):503.

2　钟天朗.我国运动品牌建设与营销中的若干问题[J].体育科研,2007(5):24-26.

“独特”是体育用品品牌含义的核心，体育用品品牌是否“独特”，不是由企业说了算，它只取决于体育用品消费者的认知和感觉。张颖对体育用品品牌的定义为：市场主体在竞争中创立的，承载着技术创新和管理创新的，区别于其他体育用品品牌，并得到市场和消费者认可的体育用品的名称或标识。[1]由此看来，体育用品品牌作为品牌的一个子系统，也具有品牌所具有的一切特性。它是体育用品企业在激烈的市场竞争中辛勤创造出来的，得到社会认可的，与同类体育用品相比，具有很高的知名度、美誉度的产品。[2]

本书在已有理论基础上提出体育用品品牌的概念：体育用品品牌属于体育品牌的其中一类，它的外在形式由名称、标记、符号等单一组成或是它们的组合运用，其主要目的是能让消费者识别、辨认出他们的产品或服务，以便与竞争者的产品或服务有效区别开来，同时有利于在消费者群体中形成独特的地位。体育用品品牌在消费者心里就是一个独特的标志或是质量和信誉的保证书，同时体育用品企业要有品牌意识，保证其产品和服务的高质量，树立自身的品牌文化，使其自身品牌具有独特内涵。

（二）体育用品品牌的内涵认知

要想更全面地认识体育用品品牌，只了解它的定义是远远不够的，还需要了解它的内涵。

1.体育用品品牌是一种沟通代码的集合体

体育用品品牌是将符号、客体、概念以及语言汇集于一身的复杂抽象体。体育用品品牌标识是国际通用的表示体育用品企业文化的符号，

1 张颖.我国体育用品品牌竞争力研究[D].济南:山东大学,2015.

2 程鹏,郑建军,程志杰.国内体育品牌市场化、国际化战略的对策性研究[J].商场现代化,2008(6):134.

对体育用品企业的品牌化战略起着重要作用。但是，有不少人却简单地认为现代的体育用品品牌就是借助名称、标识、商标、宣传口号和短视频广告，使体育用品品牌不断地进入顾客的视野里，并且将它的品牌个性及情感联想效应灌入顾客的脑海里。许多体育用品企业认为，只要更换一个符号、标志、广告主题词、主题曲，或者更换一个新名称，就可以更换公司的形象，深层次地改变公司的品牌。但是体育用品品牌设计中的视觉要素只是品牌建设中的一个方面，并不是全部。“商标是拥有者的一种法律权利，而品牌则属于买主心目中的利益所在。”[1]

2.体育用品品牌是一种情感价值的载体

体育用品品牌的实体支撑是体育产品，但体育产品并不是体育用品品牌的别名。在销售某种体育产品的过程中，顾客除了获取体育产品的有形部分，还可以感受到体育用品品牌所传达的情感和理念。正是这种无形的部分使某些体育用品品牌能够在产品同质化的今天，还能够独树一帜。当人们想到一种体育产品或者服务时，他们往往会想到这种体育产品或者服务的属性、特点以及它给消费者带来的实际效用。但是当人们想到体育用品品牌的时候，他们想到的是该品牌传达的一种感情、理念和精神。体育用品品牌给顾客和体育产品之间增添了一层情感的色彩和一个遐想的空间。

3.体育用品品牌是企业重要的战略性资产

体育用品品牌虽然是一种无形的资产，但是它却拥有与有形资产一样的价值。品牌资产是赋予产品或服务的附加价值。它反映在消费者对有关品牌的想法、感受以及行动的方式上，它也反映于品牌所带来的价格、市场份额以及盈利能力上。[2]体育用品品牌的知名度、产品质量、客

1 李新啸,邱林飞.体育用品品牌理论框架探析[J].浙江体育科学,2019,41(2):15-21.

2 菲利普·科特勒,凯文·莱恩·凯勒.营销管理[M].14版.王永贵,于洪彦,何佳讯,等译.上海:格致出版社,2015:282.

户的回头率都代表着商业价值，因此是体育用品品牌无形资产的重要组成部分。

（三）体育用品品牌的构成要素

有一种观点得到中外部分学者的认同，即品牌是一个复杂系统，它包括多种要素。专家学者对于品牌要素的构成存在多种不同的观点，但经过多年的发展主要形成两大类：一类是有形品牌要素理论或称为外部品牌要素理论，主要以凯文·莱恩·凯勒所提出的有形品牌要素理论为代表。凯文·莱恩·凯勒认为品牌要素亦可以称为品牌特征，品牌要素是外在、有形、可见的品牌名称、标识、图标、形象代言、广告语、广告曲、包装、标志符号。实际上，有形品牌要素理论主要关注的是，某一品牌产品或服务的消费者可以直接感知并感受到的外在显性因素。体育用品品牌的构成要素中许多都是实实在在的品牌要素，以耐克为例，它的Swoosh 标志，也就是我们通常所说的“钩子”，非常容易被大众认出来，而“Just Do It”这个广告语，更是为大众所熟知和喜爱，被人们奉为“金句”。“篮球之神”迈克尔·乔丹是耐克的形象大使，而当人们提到迈克尔·乔丹时，首先想到的就是耐克及其旗下的Air Jordan出色的篮球用品。另一类是内部品牌要素理论。莱斯利·德·切尔纳认为品牌构成要素应该可以帮助形成品牌独特的个性特征及品质，而这些个性特征及品质就是品牌所具有的内在核心实质，它可以帮助消费者对品牌产生好感，并促进他们的购买行为。例如，体育品牌李宁经典的广告语“一切皆有可能”，代表着体育的无限超越精神，暗示这个品牌有着无限的创造力，代表人的潜能是无限的，也间接说明很多事情是可以成功完成的。其品牌创始人李宁被誉为“体操王子”，在各项世界大赛中获得上百枚金牌，其品牌广告语即是创始人李宁的真实写照。以上这些已内化为李宁品牌的重要要素，体育用品品牌的构成要素不仅包括品牌的外部要素，还包括品牌的内部要素。体育用品品牌的形成，既需要外部要素对内部要素的支撑作用，又需要内部要素对外部要素的主导作用，两者相互配合，共同作用，最终形成体育用品品牌。因此，构建体育用品品牌时，应充分考虑与其发展关系紧密相连的内部要素和外部要素，并在此基础上对其进行有效的传播。[1]

1.体育用品品牌的外部要素

体育用品品牌的外部要素具体包含了三个方面：产品自身（产品技术、产品工艺、产品质量）、产品形体（产品形状、产品形式）和产品外在认知符号（品牌名称、标识、图标、形象代言、广告语、广告曲、包装、标志符号）。体育用品的外部要素必须建立在产品自身之上，这不仅是由于只有通过产品技术创新才能形成自己独特的优势，不被市场淘汰，更是因为只有通过企业自身不断创新，才能适应消费者的需求变化，不断推陈出新，实现更广阔的发展。例如，安踏品牌成立以来，截至2022年10月已经累计申请专利2600多件，是中国体育用品品牌中被授权专利数量最多的企业。近年来，安踏陆续推出了氮科技（Nitroedge）、氢科技（A-Flashlite）、智能分子吸震科技（Smart S.A.M）等多项自主研发技术，并且用于多款跑鞋、篮球鞋上，其产品的造型也赢得一众好评。产品形态和产品外在认知符号的功能，是为了在消费者的心中，帮助他们形成一个不同于市场上竞争对手的、具有不同特点的产品形象，进而有助于体育用品品牌形象的树立。

2.体育用品品牌的内部要素

体育用品品牌的内部要素主要由品牌精神文化、品牌行为文化和品牌制度文化组成。体育品牌精神文化是指消费者对体育用品品牌所产生的象征、意义、情感认知与评价等。虽然体育用品外形差距不大，但不

---

1 李新啸,邱林飞.体育用品品牌理论框架探析[J].浙江体育科学,2019,41(2):15-21.

同体育用品品牌所体现的团结、拼搏、奋斗等精神内涵不同，这些精神内涵能够引起消费者的共鸣，是消费者选择该产品的主要原因。体育品牌行为文化是指体育用品品牌在其从生产到销售服务过程中所展现的经营观、服务观等多种观念的集合。一个好的品牌文化能够促使体育用品品牌生产更多优质的产品，提供更好的服务和最佳的销售行为。体育品牌制度文化是一种制度载体，它与体育品牌精神文化、体育品牌行为文化相适应。它们能够保证品牌精神文化、品牌行为文化的产生，并能够顺利地运作。[1]以安德玛为例，在1996年成立之时，创立者凯文·普兰克特别重视品牌塑造和产品专业化，将努力、勤奋、激情、挑战的运动精神转化为安德玛的品牌精神文化内核，其秉承“让运动装更强”的品牌使命，将运动装备专业化的行为理念转化为安德玛的品牌行为文化，并通过XM系统的数字化架构等企业制度和组织结构，使其快速成长和壮大起来，销售额和利润上升幅度很大，成为世界前十的体育用品品牌。

（四）体育用品品牌的特殊性

1.品牌特性

在品牌特性层面，消费者在购买体育运动商品时首要考虑的是“社会认同”和“个性特质匹配”两个影响消费者决策的变量。

社会认同是指体育用品在社会公众的不同群体中所展现出的可被接受的公共形象，基于该理论基础，社会认同的因素会使得体育爱好者产生快乐的心理、产品偏爱及态度忠诚等积极感受，可以协助品牌推动品牌战略，打造品牌的竞争优势。[2]个性特质匹配是品牌形象与个人特性

1 李新啸,邱林飞.体育用品品牌理论框架探析[J].浙江体育科学,2019,41(2):15-21.

2 邹艳枚.态势理论下白酒品牌生态位评价指标体系设计与实证[J].商业经济研究,2020(6):79-81.

是否相符[1]，因此，体育用品品牌都会拥有鲜明的品牌个性以满足目标受众的需求，品牌公共形象在一定程度上也是某一类消费者特征的映射。譬如，产品的创新性能与特立独行的个性需要均会对顾客群体购买体育商品的意向和品牌偏爱产生重要的影响。此外，品牌公众形象是感知产品性能的关键影响因素[2]，而感知质量是消费者对品牌作出评价的重要指标，能够展示顾客对品牌的喜爱与满意度，将大大提高品牌竞争力。

2.体育特质

在体育特质方面，首先，“健康、高兴和骄傲”等感受被当作顾客选购和使用体育商品时的积极感受，这种积极的感受会影响消费者的心理评价，我们将这类积极的情感想象称作“运动联想”。其次，“视觉品质感知”是体育产品消费者品牌感知评价的重要来源[3]，产品作为品牌的承载基础，在产品质量得到保证的基础上，企业提供多种多样美观流行的品种供顾客选择，使产品更容易搭配，更容易满足消费者视觉感官的诉求。在此基础上，塑造更为强势的品牌，赢取顾客的青睐。

体育用品的特征表明，体育运动的关键含义是体育精神和运动特质的载体。创造专属的品牌文化和维系体育品牌的独特性，着力点在于发挥品牌的核心价值[4]，通过品牌文化传递的信息可以使消费者具有一定的购买倾向，顾客通过分析信息形成相关的品牌想象和体验感受，以此建

---

1 王启万,李思晴,朱虹.体育用品品牌认知生态位模糊综合评价研究[J].成都体育学院学报,2018,44(4):42-47.

2 王旭.个体特征对青少年体育用品品牌购买意愿的影响研究[J].成都体育学院学报,2013,39(5):66-69.

3 杨剑.大学生体育消费者自我概念建设与量表问卷编制[J].北京体育大学学报,2009,32(12):31-34.

4 薛同照.我国体育用品品牌竞争力提升研究[J].体育文化导刊,2016(2):111-115.

立与品牌之间的情感纽带[1]，促使消费者做出购买决定和形成品牌偏好，并最终对消费者的购买行为和心理预期评价产生积极影响。

二、体育用品品牌运营中的专利问题

近年来，我国越来越重视对知识产权的保护，对体育的知识产权保护也逐渐增强。只有加强了对知识产权的保护，一个产业才可以健康快速地发展。因此，加强对体育知识产权的保护对发展体育产业至关重要。事实上，我国颁布了许多体育知识产权的相关政策。例如，2001年10月，北京市政府颁布《北京市奥林匹克知识产权保护规定》；2002年1月，国务院公布《奥林匹克标志保护条例》，修订后的《奥林匹克标志保护条例》自2018年7月31日起施行；2020年11月，由成都市市场监督管理局联合成都市版权局、成都市文化广电旅游局、成都市公安局印发的《成都第31届世界大学生夏季运动会知识产权保护规定》正式发布；2021年5月，中华人民共和国第十四届全国运动会组织委员会办公室、第十一届残疾人运动会暨第八届特殊奥林匹克运动会组织委员会办公室联合印发《陕西省第十四届全国运动会知识产权保护规定》等。

技术是体育品牌发展的重要因素之一，因为它可以直接影响品牌在市场中的竞争力。随着我国体育事业的蓬勃发展，知识产权受到广泛的关注。根据《世界知识产权指标》（2021年版）报告，专利和工业品外观设计申请活动在2020年出现反弹，恢复增长态势。其中，中国国家知识产权局以受理150万件专利申请独占鳌头，这一数量是排名第二的申请

1 陈立彬,赵雅蓉,江林.从品牌文化到品牌购买行为:一个认知过程的视角——基于扎根理论的分析[J].商业经济研究,2020(7):79-81.

国——美国申请量（59.7172万件）的2.5倍。日本、韩国和欧洲相关部门受理数量紧随其后，前五大主管局的申请数量占世界专利申请总量的85.1%。全球有效专利在2020年增长了5.9%，达到约1590万件，中国拥有的有效专利数量达310万件，实现最快增长。[1]体育用品的技术研发通常通过发明专利、实用新型专利、外观设计专利进行保护。但考虑到专利技术方案是公开的，专利的保护期短、审查期限长，且部分技术方案无法获得专利授权等因素，相关技术还可以通过专有技术进行保护，即“技术秘密”，而其获得保护的前提是不为公众所知悉的、采取了适当保密措施的，信息是有价值的。查阅相关资料可以发现，虽然我国对大型体育赛事的知识产权保护较为完善，但是对于体育用品的知识产权保护还不足，事实上，近年来对于体育用品的侵权案层出不穷，如大家熟知的迈克尔·乔丹诉被告乔丹体育股份有限公司、上海百仞贸易有限公司姓名权纠纷案和阿迪达斯与耐克的专利侵权纠纷案。因此，体育用品企业在对自身知识产权保护的同时还要注意侵权问题。

本节主要讨论国内外体育用品品牌运营中专利的保护及其存在的问题，专利是国家按照专利法授予权利人在一定期限内对智力成果享有的占有、使用、处分和收益的权利。如果在市面上，出现了对权利人体育产品的专利进行侵害的情况，权利人有权用法律的方式，向知识产权局提起诉讼，要求侵权者停止侵权行为，并对其进行赔偿。因此，专利保护对体育产品具有重要意义，不仅体现在权益受到侵害时进行维权，更多的是可以确保体育产品在市场的广泛营销，从而维护权利人应该拥有的市场权益。所以，在体育产业的发展进程中，以市场为导向的商品，

---

1 侯岭.《世界知识产权指标》报告发布——中国多项知识产权指标居全球首位（知识产权报）[R/OL].(2021-11-17)[2023-06-22].https://www.cnipa.gov.cn/art/2021/11/17/art_55_171469.html.

其专利权的保护可以为其品牌运作提供保障。[1]

（一）国外体育用品品牌运营中专利权的保护现状及主要问题

“专利权”简称“专利”，是指在一定期限内，发明创造人或其权利受让人享有的对特定发明创造的独占实施权，它是知识产权的一种形式。专利保护是对产品的外观设计，以及独特的方法和技术等进行保护的权利。在体育领域，针对体育产品和制作方法的专利，让许多专利权人获得了可观的经济效益。例如，新技术的应用可以让运动员在跑步过程中减少阻力，加快速度。而产品外观设计是对颜色、图形进行组合设计，增加视觉体验，享受艺术美感。体育品牌公司为了对产品外观进行设计和研发，投入了大量人力资源和技术资源，这也成为一种重要的知识产权。例如，卢西奥·托尔托拉（Lucio Tortola）设计了一款新型的自行车，这种自行车具有轻便、吸收震动功能，可以缓解自行车运动员长期骑行造成的背部疼痛的问题。该自行车的座椅安装在一个环形车架上，与后车轮部分重叠，并且可以自动调整座椅的位置，以吸收来自地面的起伏冲击力。产品外观设计同样遵循注册保护制度。在欧盟和英国，外观设计的注册保护期为25年，而美国的外观设计的有效期是15年。据美国专利商标局统计，美国的外观设计申请数量在近40年内始终保持增长，并在2016年增长11%。体育专利作为体育创造发明及其生产方式和生产工艺的产出成果，是衡量创新能力的重要依据。专利的质量和数量代表着企业的核心竞争力，企业应该加大创新力度，增强企业竞争力。但由于体育用品的专利权保护还不成熟，侵权事件屡见不鲜。

1 汪毅,何秋鸿.我国体育专利的发展态势与区域分布研究[J].北京体育大学学报,2017,40(10):24-29,38.

案例1

耐克起诉阿迪达斯抄袭侵犯六项专利[1]

耐克与阿迪达斯的纠纷不断。在2020年6月25日美国联邦巡回上诉法院中，两家公司对于专利纠纷进行了开庭。案件诉讼书中提到：2012年，耐克以阿迪达斯对其Primeknit产品的介绍为依据，指控阿迪达斯侵犯了耐克的一项Flyknit专利（具体来说是一项德国专利），并表示打算“未来在全球范围内保护耐克的权利，防止阿迪达斯进一步的侵权行为”。阿迪达斯在美国销售含有Primeknit鞋帮的鞋子。虽然耐克尚未指控阿迪达斯侵犯了“598”专利或“749”专利，但耐克已经对类似于阿迪达斯鞋类的第三方产品主张了“749”专利。2019年，耐克在法庭上表示，“它发布Flyknit五个月后，阿迪达斯发布了自己的一款类似产品，并称其为Primeknit。而且，耐克拒绝授予阿迪达斯不起诉的契约，证实了阿迪达斯的侵权风险是具体而实质性的。因此，我们得出结论，阿迪达斯具有提起上诉的资格。

耐克公司要求美国贸易机构阻止进口阿迪达斯公司的各种Primeknit鞋。耐克推断，阿迪达斯复制了耐克的专利发明，即所谓的高性能针织面料，并使用了这些材料。2021年12月，耐克在华盛顿国际贸易委员会提交了投诉，旨在禁止进口各种类型的阿迪达斯鞋，如Primeknit鞋。此外，耐克还向俄勒冈州联邦法院提起了专利侵权诉讼，指控与前述类似。该专利涵盖了耐克的Flyknit技术，该技术使用回收材料的特殊线在鞋面上创建一个类似袜子的部分。同时，阿迪达斯还推出了Primeknit跑鞋，这是一种轻质针织材料，具有与Flyknit相似的功能。据耐克称，该专利研究持续了十年，耗资超过100亿美元。此外，耐克认为，这项专利几乎完全来自美国进行的研究，代

---

1 United States Court of Appeals for the Federal Circui Case:19-1787.

表了几十年来鞋面的首次重大技术创新。耐克透露，FlyKnit技术是在2012年伦敦奥运会之前推出的，并且著名篮球运动员勒布朗·詹姆斯、足球巨星克里斯蒂亚诺·罗纳尔多以及世界纪录马拉松运动员埃鲁德·基普乔格的鞋子都曾采用。在这里，阿迪达斯强调，Primeknit不存在侵权，是其长期研究的成果。在俄勒冈州波特兰提起的民事诉讼显示，阿迪达斯被指控侵犯了耐克的六项专利和另外三项与Flyknit技术相关的专利。除其他事项外，该诉讼命令阿迪达斯停止销售Primeknit鞋。

这已不是耐克和阿迪达斯第一次发生冲突。在2020年，阿迪达斯曾控告耐克抄袭Primeknit技术，但最终法院驳回了此项控诉。接着，阿迪达斯还起诉耐克，指控后者在移动应用程序和鞋身技术方面侵犯其专利权。

阿迪达斯在向东得克萨斯州联邦法院提起的诉讼中指控耐克的Run Club、Training Club和Snkrs移动应用程序以及Adapt系统侵犯了其运动监测系统中的九项专利，包括智能鞋类系统、预订应用程序和确认等专利技术。阿迪达斯声称其Adidas-1是第一款能够感知并自动调整鞋子舒适度的鞋子，并指控耐克的Adapt系统侵犯了该专利。阿迪达斯还指控耐克的锻炼应用程序侵犯了其基于位置的跑步跟踪、性能音频反馈和创建训练计划的系统等专利。此外，阿迪达斯还声称耐克的Snkrs应用程序侵犯了其与确认潜在买家真伪相关的专利。阿迪达斯要求耐克公司承担相应的赔偿责任。

笔者认为：耐克与阿迪达斯作为全球体育用品品牌两大巨头之间频繁的知识产权之争，一方面意味着各大运动品牌拥有强烈的知识产权保护意识；另一方面，频繁的专利之战也使品牌提高了曝光度，无形之中省下了不少打广告的费用。良性的竞争再多也不嫌多，但知识产权的侵权案件还是越少越好，因为这不仅是企业之间的问题，还会扰乱营商环境。只有早日进行知识产权布局，才能在侵权行为到来之前做好万全准备。

案例2

耐克起诉lululemon：家庭智能健身镜涉嫌专利侵权[1]

耐克提起诉讼，指控lululemon服装制造商的家用镜子健身设备和相关移动应用程序的专利侵权。

耐克提起诉讼，指控lululemon通过销售和开发The Mirror Home Gym及相关产品，侵犯了耐克的六项专利:美国专利No.8620413（“413专利”）；No.9278256（“256专利”）；No.9259615（“615专利”）；No.10188930（“930专利”）；No.10232220（“220专利”）和No.10923225（“225专利”）。2022年11月9日，lululemon向美国专利商标局专利审判与上诉委员会（PTAB）提交了六项专利中两项的当事人复审申请。

2023年，lululemon提交了额外的申请，要求对剩余的四项专利进行审查。摆在法院面前的是lululemon的动议，即在美国专利商标局专利审判与上诉委员会进行任何由此产生的知识产权诉讼之前暂停这一行动，该诉讼在此中止。

笔者认为：上述案例中lululemon的行为涉嫌蓄意侵权，因此耐克提出六项专利侵权索赔，同时要求三倍赔偿和禁令救济。企业在生产经营中如果发生专利侵权行为往往会承担严重的法律后果，赔偿权利人受到的损失，依法承担行政责任，受到行政处罚，如构成假冒专利罪等刑事犯罪，甚至要依法承担刑事责任。

---

1 United States District Court,S.D.New York case number:22-cv-00082(RA)(OTW).

案例3

奢侈品大牌爱马仕因抄袭被斯凯奇起诉[1]

斯凯奇在纽约南区联邦地方法院对奢侈时装公司爱马仕提起诉讼，声称该品牌的两种鞋类款式侵犯了其多项专利。

爱马仕设计的Éclair和Envol于2022年推出，融合了中底和鞋底设计元素。根据斯凯奇的说法，这两个轮廓侵犯了该品牌Massage Fit技术的多项专利，该技术用于其Go Walk系列和其他产品线。斯凯奇发言人在一份声明中表示：斯凯奇在研发方面投入了大量资源，年复一年地向客户推出新鲜、独特和令人兴奋的鞋类技术。斯凯奇方要求法院阻止爱马仕"继续侵犯"专利，并要求爱马仕赔偿相应损失并支付律师费。斯凯奇在过去也曾多次卷入起诉和被起诉的纷争中。爱马仕的抄袭风波对其品牌形象造成了巨大的损害，而对斯凯奇来说，起诉爱马仕的目的可能不在于索赔，而是希望借此事件进一步提升品牌知名度和实力。

笔者认为：爱马仕作为国际知名奢侈品品牌出现抄袭事件，将会对自身品牌建设带来负面影响，同时不利于品牌形象的塑造。斯凯奇积极维权，一方面体现斯凯奇品牌方拥有强烈的维权意识，另一方面可以借助爱马仕品牌在国际的影响力来扩大自身品牌的知名度。

案例4

斯凯奇与中国企业的专利侵权纠纷[2]

斯凯奇也身陷众多侵权风波。中国台湾地区制造企业冠德红科技股份有限公司（以下简称冠德红）认为斯凯奇在中国的运营方斯凯奇贸易（上海）有限公司、广州市斯凯奇商业有限公司等四家公司（以

1 United States District Court for the Southern District of New York Case 1:22-cv-08862.

2 山东省济南市中级人民法院（2019）鲁01民初3068号民事裁定书。

下统称斯凯奇中国）侵害了其发明专利权，冠德红向山东省济南市中级人民法院（以下简称济南中院）提起诉讼，济南中院受理了此案。此次涉案专利为“具有层次感发光效果的提花结构及其制作方法”（专利号：ZL200610086745.X）。斯凯奇中国向国家知识产权局提出了涉案专利无效宣告请求。济南中院经审查认为，涉案发明专利权的效力处于不稳定状态，案件的审理必须以国家知识产权局的无效宣告请求审查结果为依据，在审查决定作出之前，中止诉讼。一审宣判后，双方当事人表示服从判决。

笔者认为：斯凯奇中国提起涉案专利无效请求的做法，是“拖延诉讼”策略，本案的审判时间也会因此被拉长。斯凯奇中国相关负责人则表示，侵权与否应该由法院判定。一直强调“产品会讲话”的斯凯奇也应该考虑品牌的独特性。中国市场正在成熟，照搬其他国家的模式在中国已经行不通了。一个新的产品，必须有创意，否则只会让自己的品牌受损，且很难再恢复。

案例5

斯凯奇与耐克专利侵权纠纷不断[1]

2016年1月4日，耐克在美国俄勒冈州地方法院对斯凯奇提起诉讼，指控斯凯奇侵犯了其八项外观设计专利的权利要求。耐克寻求禁令救济、没收斯凯奇的利润、损害赔偿（包括三倍损害赔偿）、判决前和判决后的利息、律师费和诉讼费。2016年4月和5月，斯凯奇向美国专利商标局专利审判与上诉委员会提交了请求，要求对所有八项外观设计专利进行多方复审，寻求使这些专利无效。2016年9月和11月，美国专利商标局专利审判与上诉委员会拒绝了斯凯奇的全部申

1 United States District Court for the District of Oregon,Case No.3:16-cv-0007.

请。2017年1月6日，斯凯奇向美国专利商标局专利审判与上诉委员会提交了多份额外的多方复审请求，试图使耐克主张的八项设计专利中的七项无效。2017年7月，美国专利商标局专利审判与上诉委员会批准了斯凯奇的申请，并就七项外观设计专利中的两项提起了多方复审程序，但拒绝了斯凯奇对其他专利的申请。2017年6月，斯凯奇根据美国联邦最高法院最近的一项裁决，提出将场地从俄勒冈地区转移到加利福尼亚中区的动议，该动议于2017年11月17日获得批准。2018年6月28日，美国专利商标局专利审判与上诉委员会在两方复审程序中作出最终决定，驳回了斯凯奇在这些程序中提出的无效性质疑。2018年6月4日，法院不顾耐克的反对，批准了斯凯奇的索赔解释听证会请求。2019年3月28日，法院发布命令，拒绝在诉讼的现阶段发布权利要求解释，但并未排除该问题，而是认为在稍后阶段解决权利要求解释可能是合适的，双方现已完成证据展示，并提交了简易判决动议。耐克还撤回了对三倍或增加的损害赔偿的索赔。简易判决动议于2020年2月18日进行了听证，并于2020年10月27日发布了裁决。法院准许斯凯奇对涉案三项外观设计专利中的三项不侵权的简易判决动议。然而，法院的结论是，斯凯奇是否侵犯了其余五项设计专利中的任何一项，这是需要陪审团解决的问题。法院还驳回了耐克提出的对剩余五项设计专利的有效性进行简易判决的动议，认为斯凯奇的无效性质疑必须由陪审团解决。

笔者认为：外观设计专利侵权认定较为困难，与之相比，发明专利的权利要求范围、语言界定和理论相对明确和完善。在美国，外观设计侵权判断原则经历过几次变化，早期的案例确定了“普通观察者法”，后来增加了“新颖点测试法”。在2008年之前，这两个原则并行使用。在判断外观设计侵权时，关键点落在了寻找“新颖点”上，这导致外观设计新颖点越多，也越难被侵权。在2008年的Egyptian案中，巡回上诉法院放弃了“新颖点测试法”，又返回到“普通观察者法”，但也不是传统的“普通观察者法”，而是要在参考最接近的现有设计的基础上进行判断，即所谓的“三方视角比较测试”，也就是将专利外观设计、被控产品设计、最接近的现有设计三方放到一起比较，看专利外观设计与被控产品外观设计以及最接近的现有设计各自之间的差距大小。值得注意的是，这里引用现有设计也不同于发明专利侵权时常用的现有技术抗辩，也不是专利无效。因此，斯凯奇与耐克有关外观设计专利的侵权纠纷持续了多年。

为了避免专利侵权或者被侵权，企业可以采取多种方式来进行专利调查和保护。其中一种方法是在专利申请和实施之前，开展全面的专利调查。随着现代科技的快速发展，专利文献的数量在快速增长，这对企业进行专利调查提出了更高的要求。如果企业未经查询就申请专利或实施专利，虽然可能取得专利权，但其法律稳定性不足够牢固，可能会导致专利权的无效或被撤销，进而使企业承受不可估量的经济损失。此外，未经专利调查的技术成果也容易受到他人的专利侵权，从而受到法律的侵权追究。因此，对于企业而言，开展专利调查是非常必要和重要的一项工作，它可以避免企业在专利申请和实施过程中遭受损失，保障企业的合法权益。此外，企业还可以采取文献公开的措施。虽然企业在获得专利权后会制订一系列方案来改进和提升技术，但这些方案可能不会及时展开。因此，企业应该尽快将可能实施的方案向社会公开，以防止其他企业采用外围专利战略来抗衡企业自身的技术。

（二）我国体育用品品牌运营中专利权的保护现状及主要问题

我国于1984年通过《专利法》，1985年批准《专利法实施细则》，对有关事项作了具体规定。《专利法》（2020年修正）第2条第2款规定：“发明，是指对产品、方法或者其改进所提出的新的技术方案。”

发明是利用自然规律而进行的创造，是一种新的技术方案，属于自然科学的技术领域，体现技术思想与技术方案的统一，是一种具体的技术方案。《专利法》（2020年修正）第2条第3款规定：“实用新型，是指对产品的形状、构造或者其结合所提出的适于实用的新的技术方案。”《专利法》（2020年修正）第2条第4款规定：“外观设计，是指对产品的整体或者局部的形状、图案或者其结合以及色彩与形状、图案的结合所作出的富有美感并适于工业应用的新设计。”

案例6

广安国与重庆好汉体育用品有限公司侵权纠纷案[1]

被告重庆好汉体育用品有限公司未经原告授权，擅自制作、销售乒乓球台，侵犯了原告的专利权。原告因此将被告诉至法院。经法院审理查明，原告广安国是“室外乒乓球台”实用新型专利的专利权人。为了确定涉案室外乒乓球台的结构特征，重庆计量质量检测研究院对乒乓球台进行了切割取样并对其断面结构特征进行了测试。法院综合考虑实物照片、测试报告以及被告制作的宣传图册等证据，认定被告制作并销售的室外乒乓球台与广安国专利技术特征没有实质性的区别，侵犯了广安国的专利权。尽管广安国无法提供足够的证据证明被告的侵权行为给自己带来的实际损失或侵权人的违法所得，法院依然依照法律规定考虑了专利的创造性程度、侵权行为持续时间和侵权范围等因素，判决被告停止侵权并向广安国赔偿2万元。一审宣判后，双方当事人表示服从判决。

笔者认为：专利案件是一类较为复杂的案件，在涉及诉讼的时候，当事人应该积极应对诉讼，多方面寻找对自己有利的证据，从而最大限

1 重庆市第五中级人民法院（2011）渝五中法民初字第00622号民事判决书。

度地保护自己的权益。因被诉人重庆好汉体育用品有限公司未主动应对诉讼，并在诉讼过程中主动弃权，故法庭对该案件作出了缺席审判。

案例7

田联阳光体育器材专利维权案[1]

2022年12月，田联阳光公司收到来自河北省石家庄市中级人民法院的四项民事判决书，就田联阳光公司起诉河北某体育公司侵犯田联阳光公司少儿跨栏、少儿标枪、软式铅球和软式跳高横杆等四项软式体育器材专利权的行为作出判决。判决书判决：田联阳光公司以上四项专利合法有效，依法应予保护。侵权方河北某体育公司立即停止侵权行为并依法赔偿田联阳光公司相关经济损失。

在此之前，田联阳光公司已经就山东瑞世达体育器材有限公司、山东瑞信尔特文体器材制造有限公司两家体育公司侵犯田联阳光公司趣味绳套、便携式起跑器等六项软式体育器材专利权提起诉讼，最终全部维权成功。

笔者认为：专利维权涉及取证、产品对比、专利有效性等各个环节，需要全方位的考虑，而且需要很高的专业度，因此，维权的进程是一个冗长而又困难的过程，维权公司经常会付出很大的代价，但是维权的成功率却很低。上述十余个专利案件的维权成功，充分说明了田联阳光公司在知识产权保护方面已经逐步走向了成熟，从对知识产权的申报就已经做到了专业、及时，在整个维权过程中，确保了专利权的合法、稳定、有效，公司的专利维权团队具有专业、高效、团结合作的特点。通过一系列的保护行动，田联阳光公司对市面上出现的假冒伪劣、侵权商品进行了有效的打击和震慑，“正本清源”，有力地保护了企业的形

1 河北省石家庄市中级人民法院（2021）冀01知民初1350号民事判决书、最高人民法院（2022）最高法知民终1970号民事裁定书。

象和正当权益。

2020年10月17日，第十三届全国人民代表大会常务委员会第二十二次会议表决通过了关于修改《专利法》的决定，修改后的《专利法》于2021年6月1日正式施行，此次修改多达29处。《专利法》（2020年修正）将主观要件从“恶意”修改为“故意”，降低了主观要件的认定标准，进一步加大对专利权的保护力度。《专利法》（2020年修正）第71条第2款修改为：“权利人的损失、侵权人获得的利益和专利许可使用费均难以确定的，人民法院可以根据专利权的类型、侵权行为的性质和情节等因素，确定给予三万元以上五百万元以下的赔偿。”法定赔偿的下限从原来的“一万元”提高至“三万元”，法定赔偿的上限从原来的“一百万元”提高至“五百万元”。从《专利法》（2020年修正）可以看出，大幅提高法定侵权赔偿数额，说明了国家加大了对被侵权人的保护力度，知识产权助力我国体育用品品牌迈入世界名牌之列。将品牌价值转化为有形资产，可以为专利技术的开发研究提供足够的资金保障，从而使其最终成为一个循环发展的基础。但是，这价值建立在顾客的满意度和回头率之上。所以，体育用品必须有扎实的品质保证。总之，我国的体育用品公司必须加强对其产品的研发、技术、创新等方面的研究。同时，体育用品公司也应该加强自身知识产权的保护，并对其进行商标和专利的保护。保证自身产品的品质，绝不制造假冒伪劣产品。[1]

（三）体育用品运营方加强专利保护的启示

1.加强、完善自身知识产权管理

首先，体育用品运营方（自主品牌非委托方）要对自己的或者是竞

---

1 张凌云.我国中小体育用品企业品牌的知识产权保护研究[C]//中国体育科学学会,中国体育用品业联合会.2014中国体育产业与体育用品业发展论坛论文集.2014中国体育产业与体育用品业发展论坛论文集,2014:70-71.

争对手拥有的知识产权进行一次全面的梳理；其次，制定属于自己的知识产权清单，并统计哪些发明创造已申请专利，哪些还未申请，对于未申请专利保护的发明创造，必须组建一个专门的专利申请小组，在最短的时间内进行注册，或者采取一些相关的保密措施，防止商业秘密泄露的情况出现。已经申请专利保护的专利发明，应当核实其是否处于专利的保护期限内。如果是在专利保护期限之内的专利发明，可以使用社会调查或软件查询来判断其权益是否被侵权，从而对侵害专利权益的个人或公司进行严厉的打击并加以遏制。

2.加强知识产权培训，加强对核心技术人员的管理

加强对技术人员的知识产权培训，增强他们的知识产权保护意识。同时，要加大对核心技术人才的培训力度，签署保密协议，防止技术人才对核心技术的泄露给企业造成无法挽回的损失。因此，有效的专利保护是品牌方及时将发明创造申请专利保护。

3.正确处理自主创新与合法仿制的关系

从长期来看，要确保在解决知识产权纠纷中拥有主动权，就必须加强自身的自主创新能力。企业应增加人力资源和资金投入，以加强对技术的研究与开发。与此同时，还要对专利技术研发的奖励制度进行明确，对员工的创造性进行大力支持和激励，力争在技术创新方面取得突破，生产出具有自主知识产权的产品（如表4-1所示）。但是，当前我国体育企业的创新能力还处在低水平阶段，所以可以先用合法的仿制来推动体育产业技术的发展。积极引入国外先进技术水平和经验，在适当的条件下，进行合法仿制，以此促进自身技术能力的提升。

表4-1 体育行业建议保护的商品或服务项目

商标注册类别	建议保护的商品或服务项目
9	体育用护目镜、体育用保护头盔、体育用护齿、体育用护头、运动眼镜、运动哨等
12	自行车、船（如皮艇、划艇）
14	运动手表
16	体育相关书籍、海报
18	运动包、登山杖、徒步杖
21	运动用饮水瓶
22	帐篷、帆、网（体育用品）
25	运动衫、运动背心、运动夹克、背心式紧身运动衣、运动鞋、运动靴等
27	体操垫、健身用垫
28	体育活动用球、体育活动器械、雪橇（体育用品）、助跑器（体育运动用）、滑板、体操器械、护胫（体育用品）、护膝（体育用品）、肩膀和手肘用保护支具（体育用品）、婴儿健身架、健身球，健身摇摆机、健身床、运动用网、运动球类充气专用气泵等
32	富含蛋白质的运动饮料、含有电解质的运动饮料
35	通过体育赛事赞助推广商品和服务、运动员的商业管理
37	娱乐体育设备的安装和修理
41	体育教育、组织体育比赛、提供体育设施、健身俱乐部（健身和体能训练）、体育设备出租（车辆除外）、体育场设施出租、私人健身教练服务、健身指导课程、提供冬季运动会设施等

（四）体育用品专利侵权案件的综合启示

对国内外体育用品专利侵权案例的深入剖析，可以为我国体育用品行业的专利创造、运用与保护提供有益的借鉴。

第一，从研发和取得的专利情况来看，整个运动装备行业的专利总量仍有很大的成长空间。体育用品经营者特别是生产厂家，应当注意到，只有在长期的、高质量的专利产品的市场中，持续地积累自己的商誉，凸显自己的品牌价值，才能在未来与知名的体育用品企业进行一定的竞争。因此，作为体育用品经营者，应当以自己的主要经营范围、已有专利情况、技术开发能力以及市场调研结果等多个方面为依据，通过专利地图等检索方法，围绕体育用品的安全性、舒适性、效率性、便捷性和美感性等消费需求，尽快开发出新的技术，并取得一系列的专利权，建立起一套比较完善的专利体系。专利所涉及的体育用品，相对来说，主要是球类、体育锻炼、游泳、爬山用的器材，以及训练器材等产品类别。就专利申请的类型而言，总体来讲，大型体育器械和专业运动器械的经营者以其发明专利为主，而轻便休闲体育用品的经营者则以其实用新型及外观设计的专利为主。同时，《专利法》（2020年修正）中提到，我国将部分商品的外观设计纳入了专利保护范围，将其保护期限提高到了15年，因此，我国体育用品企业应充分利用这一机遇，加强对其的研究与开发。在撰写说明书、权利要求书和外观设计简要说明的时候，申请人应注意到体育用品领域的特殊性，对寻求专利保护的技术主题作出精确的界定，并对在一般工业领域容易引起混淆的术语，作出符合体育用品领域普通技术人员认知的清晰明确的描述。

第二，在专利实施许可方面，由于大部分的体育用品的专利是由私人创造和申请的。因此，相关机构应当构建和利用各类专利许可交易平台，最大限度地发挥个人拥有的体育用品的专利的效用和经济效益。具体而言，“开放许可”是在《专利法》（2020年修正）中确立的一项新的法律规定，即体育产品专利权人可以通过公开许可的形式，向有专利申请需要的企业提供服务，与其签订专利实施许可协议，从而实现体育产品的制造和销售。相关行业协会、体育主管部门、地方知识产权管理部门和科技主管部门等也可以协助建立体育用品专利交易的各种线上、线下平台和展会，或在一般专利技术交易平台中设立体育用品专利的板块。[1]专利权的使用，既能让自然人、权利人更好地享有其所使用的商品带来的经济收益，又能在发生侵权事件时，为其确定损失金额提供参考依据。

第三，在对专利进行保护方面，体育用品的专利权人在维护自身权益的同时，还要具备能够迅速阻止侵权行为并取得适当补救的法律行动对策。专利权人不能仅满足于在电子商务平台、某一公司主页或实体店中发现有侵权产品在卖或许诺销售，而是要基于这一点，对侵权的灰色链条进行深入调查，追溯侵权产品的生产源头，尽可能掌握侵权的真实规模信息。对于伪造专利等事实清楚、证据确凿的专利侵权，权利人还可以通过寻求行政保护，利用行政执法部门的公权力来确定侵权的详细情形，进而确定请求侵权人赔偿的数额。对于具有较强创新性、与现有同类产品差异较大、权利人特别重视其市场先发优势的体育用品专利所涉产品，一旦发生侵权，应立即申请诉前禁令，避免造成更大的损害。此外，当地体育主管部门还可以与知识产权管理部门合作，探讨建立体育用品专利维权的公共服务机制，为个人权利人及相对缺乏维权能力的小微企业提供有效的保护。

第四，就专利效力的判断和侵权的对比而言，法院应该关注如下几点：①随着体育用品专利授权的数量增加，特别是实用新型和外观设计专利授权数量的增加，其总体有效率将有可能降低。在案件中，原告专利无效或部分无效的概率也会增大，因此，即使被告没有提出无效宣告请求并要求暂停审理，也要充分考虑专利权评价报告在司法审判中的重要意义。②抛开被诉技术的技术特征不谈，从一般技术人员的角度，认真考察被诉技术的缺省特性和区别特性，判断该特性是否为真正的缺

---

1 王宏,梁枢.我国体育用品供给侧协同创新的法律保障研究[J].山东体育学院学报,2017,33(4):8-14.

省、区别特性，或者该特性是否只是一场“文字游戏”，进而判定被诉技术能否进入原告专利的保护范围。③在判定等同的时候，不能只看具体的方式、功能、效果，而要看具体的技术特征，但是，若被诉的侵权技术与专利权的技术概念并不完全一致，那么它通常不会被认为是等同的。④对于已有设计在外观设计专利权侵权中的抗辩，不再局限于认为已有设计应当是一个独立的、完备的已有设计，而是要将《最高人民法院关于审理专利授权确权行政案件适用法律若干问题的规定（一）》第20条中的“设计启示”这一概念纳入考量，也就是说，被诉侵权的已有设计是由多种已有的设计特性组合而成，并且这种组合对于所属领域的普通消费者来说是明显的，那么，已有设计的抗辩同样可以成立。⑤在与移动状态有关的特点上，对两项技术进行比较时，可采用虚拟实境、实况展示等方式，判断两项技术的同一性。

第五，在专利侵权的损害赔偿方面，法院应对其进行合理的说明和指引，使权利人的举证做到科学化、精细化。具体地说，权利人应当对自己专利的技术价值、经济价值、实施状况、营业利润和市场知名度，以及被告侵权行为的持续时间、地域范围、数量规模、对自己专利产品市场份额的影响、获利情况和故意与否等因素进行多方面举证。在举证的过程中，权利人应当清楚地确定损害赔偿金的数额是根据自己的损失，还是根据被诉人的侵权获益来确定。即便是采用了法律上的补偿方式的原告，也应当努力提供证据，以说明其请求的补偿数额是否合理。《专利法》（2020年修正）第71条第4款规定：“人民法院为确定赔偿数额，在权利人已经尽力举证，而与侵权行为相关的账簿、资料主要由侵权人掌握的情况下，可以责令侵权人提供与侵权行为相关的账簿、资料；侵权人不提供或者提供虚假的账簿、资料的，人民法院可以参考权利人的主张和提供的证据判定赔偿数额。”此外，如果权利人能够证明侵权行为是故意的且情节严重，还可以提出惩罚性赔偿请求。在这种情况下，法院应该予以支持。

针对体育用品品牌企业的专利战略，需要注意以下几个问题：①在专利研发和取得方面，体育用品专利的发展潜力很大，企业应加大技术创新力度，提出各类专利申请，特别是在《专利法》加强保护的外观设计专利方面。在申请专利的体育用品类型上，可以相对偏向于大众休闲体育用品，同时在撰写专利申请文件时，也要注意体育用品领域的特殊性。②在专利实施许可方面，自然人权利人可借助《专利法》建立的开放许可制度，并通过当地政府有关部门和有关行业协会的协助来搭建各种线上的推广平台，促进体育商品的专利许可交易。③在专利维权方面，权利人应当加强自己的维权能力，对侵权行为进行全面、深入的调查、证据收集，在需要时，可适当地运用行政保护的公权力，以及寻求诉前禁令的救济。④在专利效力和侵权判断方面，需要关注缺省和区别技术特征的情况，对等同侵权进行逐个对比，对已有设计的抗辩可以是多个设计特征的组合，而不需要是一项完整的已有设计。如果有需要，还可以对涉案专利与被控侵权技术的运动状态特征进行示范对比。最后，法院应该引导权利人进行科学、详细的举证，并按照《专利法》的要求，对“与侵权有关的账簿、资料”实行举证责任倒置，对具有明显的恶意和严重程度的侵权行为，给予相应的处罚。

三、体育用品品牌运营中的商标问题

（一）我国体育用品品牌运营中商标权保护现状及主要问题

商标是用以识别和区分商品或者服务来源的标志。任何能够将自然人、法人或者其他组织的商品与他人的商品区别开的标志，包括文字、图形、字母、数字、三维标志、颜色组合和声音等，以及上述要素的组合，均可以作为商标申请注册。商标（Trade Mark）是专门的法律术语，指品牌或品牌的一部分在政府相关部门合法注册后所称。注册后的商标受到法律的保护，拥有者享有专有权利。许多在国际市场上享有较高声誉的商标也会在不同国家被申请注册。在中国，商标被分为注册商标和未注册商标两种类型：注册商标是经过政府相关部门注册并受到法律保护的商标，而未注册商标则不受法律保护。世界知识产权组织官方网站将商标定义为显著标志，用来表示某个人或企业生产或提供的特定商品或服务。商标的起源可以追溯到古代，当时工匠们在他们的艺术品或实用产品上刻印他们的签字或标记。随着时间的推移，这些标记逐渐演变为今天的商标注册和保护制度。商标系统之所以存在，是因为通过产品或服务上独特的商标来表示其性质和质量，消费者可以更好地辨认并购买符合自己需求的产品或服务。商标注册和保护制度在帮助消费者识别并选择产品或服务方面发挥着重要作用。

根据查阅文献，商标是指标志，可以是文字、图形、字母、数字、颜色、组合等多种形式，用于区分企业的产品或服务，保护企业的品牌形象和商标权益。[1]笔者在此定义基础上研究商标权，以及体育经营商号、体育产品标志、体育产品名称等侵权行为。

1.体育商标权

商标权又称“商标专有权”“商标所有权”，指商标所有人依法对其商标所享有的具有独占性的权利。商标权仅是经济权利，主要包括以下内容：专用权、许可权、转让权、续展权、注销权、诉讼权。对于非法标有其注册商标的商品，在该商品进口时商标权人有权要求海关给予扣押、质押。

体育商标权是指体育商标注册人对其注册商标所享有的权利。体育

---

1 文妍,徐国荣.广府祠堂文化视域下的乡村品牌IP设计探索[J].鞋类工艺与设计,2023,3(11):51-53.

领域中的商标主要集中于体育经营商号、体育产品标志、体育产品名称等，体育商标对体育用品品牌至关重要。强大的品牌拥有客户忠诚度，是推动公司收入和增长的宝贵资产。体育商标是宝贵的资产，可以建立消费者对产品的信赖和忠诚度，商标让客户识别特定企业的产品，是品牌推广的重要组成部分。强大的品牌可以提高价格、客户忠诚度，是许多商业交易的核心，尤其是体育用品的商标，例如，耐克的“钩子”符号或阿迪达斯的“三条纹”，客户可以通过其标志信任产品的质量，促进销量的增长。

2.体育用品品牌商标权保护的必要性

商标表现的是一个企业的文化，代表的是一个企业的形象，商标设计优美、新颖，还可以促进消费者对商品的购买。体育用品品牌的构成要素之一是有形的品牌要素，其有助于形成品牌的独特核心本质，从而提高消费者的购买意愿。商标是企业的无形资产，良好的商标设计可以给企业带来巨大的经济效益。

商标是一种可识别的标志、徽标等，可以区分不同企业的产品。这是一种宝贵的资产，特定商标将提供优质产品，在人与人之间建立信任、信心和忠诚度。消费者购买决定的意愿通常来源于其商品或者服务，商标不仅能帮助客户识别产品和特定公司品牌，也是广大消费者挑选产品与服务的一个重要依据。知名体育用品商标是经过多年的市场和消费者的检验发展起来的。被不法商家假冒后，消费者无法准确地判断真伪，可能会买到假冒的商品，从而损害原品牌在消费者心中的形象。假冒体育商品不仅侵害了消费者的权益，也影响了市场秩序。《消费者权益保护法》（2013年修正）第8条第1项规定：“消费者享有知悉其购买、使用的商品或者接受的服务的真实情况的权利”；第9条规定：“消费者享有自主选择商品或者服务的权利。消费者有权自主选择提供商品或者服务的经营者，自主选择商品品种或者服务方式，自主决定购买或者不购买任何一种商品、接受或者不接受任何一项服务。消费者在自主选择商品或者服务时，有权进行比较、鉴别和挑选。”而商标附着在特定的商品和服务上面，在其上所承载的商誉不仅是对产品、服务质量的一种宣示和保证，也是消费者在挑选商品、挑选服务时的一个重要的参考依据。商标侵权行为不但会对商标权人的合法权益造成侵害，还会导致消费者买到的商品货不对板、表里不一，进而侵害广大消费者的知情权和自主选择权。目前，体育用品商标侵权行为日益严重，假冒商品可以从中获得巨大的利润，如不加以制止，可能会使侵权范围越来越大，数量越来越多，因此，相关部门必须加大对体育法规的执行力度，严格按照法律法规的程序和措施进行处理。

3.体育用品品牌商标权保护现状和问题

目前，商标侵权行为的手段越来越多样。而对基本的侵权行为，违法者不需要进行周密的计划，费用也可以保持在较低水平。如今，体育用品品牌的商标侵权已随处可见，被告采用精心设计的侵权方案，如注册类似的商标，以非标准的样式使用注册商标，甚至抄袭原告的版权、专利和商业外观。此外，也有消费者选择购买假冒的体育用品来满足其虚荣心。因此，体育品牌的商标侵权行为已经成为一种日常现象。在我国现行的法律法规中，对体育用品品牌商标的规定及保护力度还不能满足现实体育产业发展和开发的需要，主要问题表现在：保护内容不全面，实际操作性差，制约管理措施不力，大部分关于体育商标的侵权责任还无法找到直接的法律依据。近年来，许多名人也已经意识到商标注册的益处，并把自己的产品注册成商标。如姚明及与其姓名相关的商标注册申请早在2002年就已经完成了。明星作为公众人物，有巨大的影响力，因此也吸引了很多不法商家注册和明星姓名相似的商标误导消费者，牟取利益，节省宣传费。

以下是体育用品商标侵权行为的典型案例。

案例8

耐克诉乔丹体育公司系列商标案[1]

1997年，一家总部位于福建的公司成立了乔丹体育，其目标是向中国消费者销售运动服。在20世纪90年代末和21世纪初，乔丹体育在中国分别提交了商标申请，毫无疑问，其公司名称是关于乔丹的。这些申请包括以下商标：跳跃篮球运动员剪影徽标，与知名的Jumpman徽标非常相似；数字23（恰好是乔丹在NBA职业生涯的大部分时间里的数字）和听起来像“杰弗里·乔丹”和“马库斯·乔丹”的汉字（迈克尔·乔丹的两个儿子的名字）。乔丹体育总共注册了大约200个与乔丹的名字、形象或肖像密切相关的商标。

在大众看来，乔丹体育是乔丹品牌和迈克尔·乔丹本人的公然仿冒品。然而，该公司“明智”地利用了中国商标法，该法通常以“先申请”的方式授予商标权。这种安排与美国商标法不同，美国商标法要求“先使用”门槛，这意味着证明该商标已经用于商业或将被使用。2012年，迈克尔·乔丹提起诉讼，希望使乔丹体育的商标无效。迈克尔·乔丹当时接受了媒体采访。他认为一个人的名字实际上是他或她DNA的一部分，他认为乔丹体育非法取了“他的”名字，但是，在诉讼的过程中迈克尔·乔丹遇到了几个障碍。首先，乔丹体育经常在商业活动中使用其商标。因此，该公司的产品线与迈克尔·乔丹联系在了一起。该公司在其业务活动中使用了“乔丹”这个词，并且这个词在这些活动中被赋予了特殊含义。出于这个原因，生产的类似产品线的中国消费者可能会混淆产品的来源。其次，乔丹体育中的“乔

---

1 北京市第一中级人民法院（2014）一中行（知）初字第9163号行政判决书、北京市第一中级人民法院（2014）一中行（知）初字第9168号行政判决书、北京市高级人民法院（2015）高行（知）终字第1918号行政判决书、最高人民法院（2016）最高法行再27号行政判决书。

丹”一词不是特指迈克尔·乔丹的名字。如上所述，这是对他姓氏的引用，但不是直接翻译，具有多种含义。乔丹的经历与其他在中国面临知识产权纠纷的美国名人不同。再次，迈克尔·乔丹没有出于商业目的许可他人使用“乔丹”这个名字，这一事实进一步拉开了他与这个词的联系。他的商业交易是以“迈克尔·乔丹”或“乔丹·布兰德”的名义进行的，而不是以“乔丹”的名义。最后，即使乔丹体育使用的“乔丹”一词就是指的“乔丹”这个姓氏，也不一定意味着指的就是迈克尔·乔丹，因为还有其他NBA球员以“乔丹”为姓氏。

在诉讼中多次败诉后，乔丹最终收到了最高人民法院的好消息。法院判决，由于“乔丹”与乔丹有如此紧密的联系，乔丹体育侵犯了迈克尔·乔丹的名字。法院表示，该公司关于乔丹的商标必须撤销。但该裁决在某些方面受到限制，乔丹体育并未被勒令追缴其未经授权使用乔丹名字获得的利润。同样，该裁决允许乔丹体育继续使用其类似Jumpman的标志，该标志现在正接受中国商标局的进一步审查。事实上，虽然乔丹的名字受到裁决的保护，但他身份的其他方面——包括他的形象和肖像——却不受保护。

在此案件中，再审申请人申请撤销争议商标的主要理由为：①再审申请人是世界知名的美国篮球运动体育明星，在我国具有极高的知名度。相关公众看到与“乔丹”“QIAODAN”相同或者相似的标识，就会将其与再审申请人关联在一起。乔丹体育及其关联公司在明知或应知再审申请人知名度的情况下，将包括争议商标在内的大量与再审申请人相关的标识申请注册为商标，属于《反不正当竞争法》（1993年）第2条规定的违反诚实信用原则的行为，以及第6条规定的擅自使用他人的企业名称或姓名，引人误认为是他人的商品的不正当竞争行为。②争议商标的注册损害了再审申请人的在先姓名权和在先肖像权，属于《商标法》（2001年修正）第31条规定的损害他人现有的在先权利的情形。③乔丹体育的行为属于《商标法》

（2001年修正）第41条第1款规定的以其他不正当手段取得注册的情形。

笔者认同最高人民法院的判决结果：乔丹体育巧妙地利用中国商标法“先申请”的权利制度，并且利用音译的不同辩称“乔丹”只是南非一种植物的名称。但在商标实际使用过程中，足以使消费者把乔丹体育与迈克尔·乔丹联系在一起。乔丹品牌具有巨大的价值，虽然NBA长期以来一直与几代超级明星球员联系在一起，但在提升联盟的品牌效应上，应该承认迈克尔·乔丹发挥的作用是举足轻重的，这就使得不法商家利用明星效应提高宣传度。此外，判决乔丹的姓名虽然受到法律保护，但其形象和肖像不受保护，表明对图像和肖像缺乏保护，也凸显了中国运动员自身权利的争取仍是一条长期奋斗之路。

案例9

鸿星尔克公司与王某方商标侵权纠纷案[1]

原告鸿星尔克公司是一家大型运动服饰企业，是一家专业从事运动鞋、服装和配饰制造、研发和零售的运动和生活方式服装品牌公司，该公司致力于为年轻人传递阳光积极的生活态度，在十年内，鸿星尔克集团成功地发展成为中国知名体育用品品牌之一，深受年轻人的喜爱。2005年11月，原告发现被告王某方已在中国互联网络信息中心注册了“www.鸿星尔克旅游用品网.cn”等四个中文域名。这些域名的主要部分与原告所有的“鸿星尔克”注册商标相同，构成对该商标的完全复制。而被告使用“www.鸿星尔克旅游用品网.cn”等域名的网站所销售的产品系所谓的“鸿星尔克旅游运动化妆品系列”，没有一个产品与“鸿星尔克”品牌有关。被告为商业目的注册、使用与原告注册商标相同的域名，足以使网络用户误认为该域名所指向的

1 武汉市中级人民法院（2006）武知初字第20号民事判决书。

网站是原告的网站，或与原告有密切联系，从而访问被告的网站。而且，还足以使网络用户因误认为被告网站所销售的化妆品为原告新产品而在线购买，从而损害其利益。因此，被告注册、使用域名的行为明显具有恶意。一审宣判后，双方当事人表示服从判决。

《商标法》（2001年修正）第52条规定，有下列行为之一的，均属侵犯注册商标专用权：未经商标注册人的许可，在同一种商品或者类似商品上使用与其注册商标相同或者近似的商标的；销售侵犯注册商标专用权的商品的；伪造、擅自制造他人注册商标标识或者销售伪造、擅自制造的注册商标标识的；未经商标注册人同意，更换其注册商标并将该更换商标的商品又投入市场的；给他人的注册商标专用权造成其他损害的。

笔者认为：在本案中，被告王某方注册商标与原告"鸿星尔克"域名相同，构成了对原告商标的完全复制，给消费者带来了误导，属于商标权侵权行为。根据《最高人民法院关于审理涉及计算机网络域名民事纠纷案件适用法律若干问题的解释》（2001年）第4条，第5条第1、2项，第6条，第8条和《民事诉讼法》第128条的规定，鸿星尔克公司对"鸿星尔克"商标享有的民事权利具有合法性，"鸿星尔克"商品商标作为驰名商标，原告依法享有禁止他人不当使用此商标的权利。被告王某方将原告鸿星尔克公司的"鸿星尔克"注册商标注册为其域名宣传并销售该产品的行为侵犯了原告鸿星尔克公司的注册商标专用权，被告王某方依法应承担停止侵权以及赔偿原告鸿星尔克集团的经济损失的责任。

案例10

阿迪达斯诉阿迪王商标侵权案[1]

阿迪王是2006年诞生的体育品牌，"Adivon"及倒三角图文组合

1 辽宁省高级人民法院（2009）辽立一民终字第25号民事裁定书、最高人民法院（2010）民申字第1114号民事裁定书。

标志与阿迪达斯“Adidas”的名称与三条纹组成的正三角品牌商标都极为相似，且阿迪王的价格比阿迪达斯便宜，以“山寨”形象起步的阿迪王迅速在国内打响知名度，创造了销售破亿元的奇迹。阿迪达斯公司认为阿迪王倒三角商标与自己在1974年注册的“ADIDAS”商标相似，并先后注册了多个类似商标，导致公众误认。2008年8月19日，阿迪达斯公司向辽宁省营口市中级人民法院起诉阿迪王公司等三被告，请求法院判令上述三被告停止商标侵权及在商业活动中使用阿迪王公司、德国阿迪王公司企业名称的不正当竞争行为。此外，阿迪达斯公司还向上述三被告索赔经济损失100万元。被告之一华珠公司在提交答辩状期间以华珠公司、阿迪王公司的住所地、涉案产品生产地均在福建省泉州市等为由，向营口市中级人民法院提出该案的管辖异议。法院认为，在该案中，阿迪达斯公司系将阿迪王公司、华珠公司及郭某梅作为共同被告起诉的，郭某梅销售被控侵权产品的行为实施地在辽宁省营口市，因此该院拥有该案的管辖权。

随后，阿迪王公司不服一审裁定，就该案管辖权异议向辽宁省高级人民法院提出上诉。2009年5月，二审在辽宁省高级人民法院开庭。辽宁省高级人民法院经审查后认为，2008年8月，阿迪达斯公司向原审法院提起诉讼，诉郭某梅、华珠公司、阿迪王公司三个被告侵害了原告的注册商标专用权，构成不正当竞争。因被告郭某梅销售被控侵权产品的行为实施地在辽宁省营口市，依照《民事诉讼法》第29条的规定，营口市中级人民法院对本案有地域管辖权。本案系涉外民事案件，《最高人民法院关于涉外民商事案件诉讼管辖若干问题的规定》及辽宁省高级人民法院关于执行《最高人民法院关于涉外民商事案件诉讼管辖若干问题的规定》的通知明确规定，涉外民商事案件实行集中管辖，营口市等市区域内的第一审涉外民商事案件，由大连市中级人民法院管辖。本案适用上述涉外民商事案件诉讼管辖的规定。

营口市中级人民法院对本案行使管辖权不当，应予纠正。最终裁定如下：第一，撤销营口市中级人民法院（2008）营民三初字7号民事裁定；第二，本案移送大连市中级人民法院管辖。

2009年5月16日，该案被移送大连市中级人民法院管辖，并于2009年11月5日开庭进行了审理。在此期间，阿迪达斯公司就管辖权异议向最高人民法院提出再审申请。诉讼过程没有阿迪达斯意料中那般顺畅，从营口到大连，从大连又到北京，从北京又回大连，营口市中级人民法院、辽宁省高级人民法院、最高人民法院历经六次反复辗转，进行了长达五年的持久战。

2013年，辽宁省高级人民法院公布，阿迪达斯状告阿迪王案以和解终告。法院审理认为，阿迪王在同类运动商品上使用的商标与阿迪达斯拥有专用权的商标存在相似，侵犯了阿迪达斯的权益。在法院的调解下，阿迪达斯公司与阿迪王公司达成协议，阿迪王公司不得再使用倒三角商标以及“阿迪王”商标及其中文组合，且要全部清理旧标商标，阿迪达斯不再要求阿迪王进行上亿元的赔偿，但出现违约须赔偿300万元。至此，两品牌的对峙方才宣告结束。

《商标法》（2001年修正）第13条第1款规定，为相关公众所熟知的商标，持有人认为其权利受到侵害时，可以依照本法规定请求驰名商标保护。就相同或者类似商品申请注册的商标是复制、摹仿或者翻译他人未在中国注册的驰名商标，容易导致混淆的，不予注册并禁止使用。就不相同或者不相类似商品申请注册的商标是复制、摹仿或者翻译他人已经在中国注册的驰名商标，误导公众，致使该驰名商标注册人的利益可能受到损害的，不予注册并禁止使用。

笔者认为：阿迪王一开始通过摹仿，借助阿迪达斯的品牌效应提高自己的知名度，这种行为虽然短期内博人眼球，取得了一定的收益，节省了宣传费用，但当其发展强大的时候就会陷入诸多困境。因此，想要发展体育品牌，就要重视创新，增强自己品牌的核心竞争力，一味地靠仿造别人的品牌，注定要被市场淘汰。目前，党和国家机构改革方案中，明确地提出要完善知识产权管理体制，表明了国家对自主创新的重视，也表明了那些打“擦边球”的不法商家，注定不会走得长远。

案例11

李宁体育公司与潘某侵害商标权纠纷案[1]

原告李宁体育公司向法院提出诉讼请求：第一，被告停止侵害原告知识产权的行为，具体包括停止销售、许诺销售侵权产品，销毁库存、销毁涉案工具；第二，被告承担侵权责任，赔偿原告经济损失5万元及为制止被告侵权行为支付的合理费用1万元；第三，被告承担本案全部诉讼费用。诉讼中，原告明确本案中主张的权利为第13360545号、第536725号、第7650515号、第3823971号、第536724号注册商标专用权。事实与理由：原告依法取得第536725号、第3823971号、第7650515号、第13360545号、第536724号等注册商标的商标专用权。其中，第536725号为驰名商标。原告李宁体育公司创立于1997年，经过多年的经营与宣传，已在国内外有极高的知名度。2008年4月9日，国家商标局在（2008）商标异字第01870号裁定书中认定原告注册并使用在衣服、运动鞋等商品上的LI-NING及图商标为驰名商标。原告发现被告（潘某）未经许可，擅自在浙江淘宝网络有限公司运营的电商平台上开设店铺（店铺ID：中凯贸易），大肆销售侵权产品，这是对原告合法权益的侵犯。案涉侵权商品的发货地位于广州市荔湾区。综上，被告应承担法律责任，赔偿原告的经济损失。根据《商标法》《民事诉讼法》及其他相关法律法规，原告请求法院判决被

1 广东省广州市荔湾区人民法院（2021）粤0103民初802号民事判决书。

告承担相应的责任以保障原告的权益。被告潘某未答辩，亦未在举证期限内提交证据材料。一审宣判后，双方当事人表示服从判决。

《商标法》（2019年修正）第58条规定，将他人注册商标、未注册的驰名商标作为企业名称中的字号使用，误导公众，构成不正当竞争行为的，依照《反不正当竞争法》处理。《反不正当竞争法》（2019年修正）第8条第1款规定，经营者不得对其商品的性能、功能、质量、销售状况、用户评价、曾获荣誉等作虚假或者引人误解的商业宣传，欺骗、误导消费者。《商标法》（2019年修正）第63条第1款规定，侵犯商标专用权的赔偿数额，按照权利人因被侵权所受到的实际损失确定；实际损失难以确定的，可以按照侵权人因侵权所获得的利益确定；权利人的损失或者侵权人获得的利益难以确定的，参照该商标许可使用费的倍数合理确定。对恶意侵犯商标专用权，情节严重的，可以在按照上述方法确定数额的一倍以上五倍以下确定赔偿数额。赔偿数额应当包括权利人为制止侵权行为所支付的合理开支。《商标法》（2019年修正）第63条第3款规定，权利人因被侵权所受到的实际损失、侵权人因侵权所获得的利益、注册商标许可使用费难以确定的，由人民法院根据侵权行为的情节判决给予500万元以下的赔偿。

笔者认为：在本案中，被告潘某未经许可注册在“衣服、运动鞋”等商品上使用李宁商标，不仅侵害了李宁体育公司的商标专用权，而且导致消费者购买到假冒伪劣商品，从而侵犯了广大消费者的消费权益。

案例12

“MOTR”侵害商标权纠纷案[1]

“MOTR”商标是原告平衡身体公司在1993年美国加利福尼亚州

1 上海市浦东新区人民法院（2018）沪0115民初53351号民事判决书。

注册的，是全球运动器材销售的知名厂商。原告发现，被告永康一恋有限公司在展览会销售涉案商标器材，并通过微信商城等途径进行销售。后经法院查明，早在2012年，永康一恋公司就曾侵犯平衡身体公司的知识产权，并且二者曾签署和解协议。因此，原告要求被告停止侵权，并且对被告恶意侵权行为适用三倍的惩罚性赔偿，要求被告赔偿经济损失300万元。因此，上海市浦东新区人民法院判令永康一恋公司停止侵权行为，并鉴于其重复侵权的情形，适用三倍惩罚性赔偿标准，确定永康一恋公司承担300万元的赔偿责任。一审宣判后，双方当事人表示服从判决。

《商标法》（2013年修正）第60条第2款规定：“工商行政管理部门处理时，认定侵权行为成立的，责令立即停止侵权行为，没收、销毁侵权商品和主要用于制造侵权商品、伪造注册商标标识的工具，违法经营额五万元以上的，可以处违法经营额五倍以下的罚款，没有违法经营额或者违法经营额不足五万元的，可以处二十五万元以下的罚款。对五年内实施两次以上商标侵权行为或者有其他严重情节的，应当从重处罚。销售不知道是侵犯注册商标专用权的商品，能证明该商品是自己合法取得并说明提供者的，由工商行政管理部门责令停止销售。”因此，上海市浦东新区人民法院判令永康一恋公司停止侵权行为，并鉴于其重复侵权的情形，适用三倍惩罚性赔偿标准，确定永康一恋公司承担300万元的赔偿责任。

笔者认为：被告通过多种方式销售原告涉案商标器材，属于故意侵权行为。况且早在此案发生之前，被告就已经侵害过原告的知识产权，双方达成和解，被告永康一恋公司在收到原告平衡身体公司的警告后，继续实施侵权行为，恶意侵权极其严重。被告侵权行为不仅造成市场混乱，还使得消费者对原告商品产生不信任感，对权利人的商誉损害过大，对原告产品产生了较为严重的负面评价。因此，国家应该加大行政执法力度和刑事打击力度，加大对侵权行为的惩处力度。

（二）国外体育用品品牌运营中商标权保护现状及主要问题

在以美国为典型代表的仅以“先使用”作为确立商标权的依据的国家里，商标的首先使用者拥有该商标的独占使用权。现在，在美国的商标法中，先使用原则不仅作为确定商标归属的依据，还作为维持商标权利的依据，与中国的“先申请”制截然相反。在与商标相关的一般法律中，以美国的兰哈姆商标注册制度为代表。《美国兰哈姆法案》是调整有关商标法律关系的一部联邦制定法，经数次修订，共有四章。此法不但将商标权利保护的普通法原则法典化，而且对其进行了扩展，此法的重点是商标侵权和反不正当竞争保护。[1]

案例13

美国奥委会起诉运动品牌彪马商标侵权[2]

彪马SE和彪马北美公司在科罗拉多州被美国奥委会提起诉讼，指控彪马未经授权使用其2020年东京奥运会、2022年北京奥运会和2024年巴黎奥运会商标。根据美国科罗拉多州地区法院提起的诉讼，美国奥委会声称彪马“已向游戏商标宣战”将主办城市的名称与奥运会在该市举行或将要举行的年份相结合的商标。起诉书称，彪马试图为自己注册游戏商标，并请愿取消美国奥委会持有的游戏商标注册，“试图从与奥运会的联系中受益”，但没有成为赞助商。美国奥委会表示，国会授予美国奥委会对奥林匹克品牌的排他性，以产生收入资助美国参与奥运会。起诉书称，美国奥委会在很大程度上通过向赞助

1 沈玢.体育品牌保护:论美国商标法的立法视角与司法实践[J].武汉体育学院学报,2020,54(3):39-44.

2 United States District Court for the District of Colorado,Case No.21-cv-00528.

商和被许可人许可使用其知识产权来筹集运营所需的资金。美国奥委会表示，许可费“用于为美国奥运运动员提供住宿，餐饮，培训和以其他方式支持，并为该国参加奥运会提供资金”。2021年4月，彪马悄悄放弃了对商标的挑战，美国奥委会也紧随其后主动撤销了在科罗拉多州的诉讼，以和平的方式解决了此案件。

笔者认为：在此案件中，彪马未经授权使用美国奥委会2020年东京奥运会、2022年北京奥运会和2024年巴黎奥运会商标，违反了《美国兰哈姆法案》下的商标侵权和不正当竞争条例。彪马涉嫌侵权奥运代表队的商标，致使消费者对彪马与美国奥委会的联系产生误解，奥运商标对赞助商资助奥运会至关重要，因此，彪马滥用奥运商标，遭到了美国奥委会的强烈反对。

案例14

SportFuel运动饮料商标侵权案[1]

SportFuel公司成立于1993年，是一家为运动员提供营养与健康个性化方案与咨询的公司，但也销售SportFuel品牌的膳食补充剂。SportFuel拥有“SportFuel”的两个注册商标。它注册了第一个“食品营养咨询，营养咨询，并提供有关膳食补充剂和营养的信息”。经过几年的使用，SportFuel的商标在2013年变得“无可争议”。SportFuel还在2015年注册了“与膳食补充剂和运动饮料相关的商品和服务”的商标。Gatorade于1965年在佛罗里达大学医学院创建，几年后开始公开销售。毫无疑问，Gatorade更为人所知。它是NBA、PGA、MLB、MLS等组织和协会的官方运动饮料。除了传统的运动饮料，Gatorade还通过销售根据个别专业运动员的营养需求量身定制的配方来定制其

1 United States Court of Appeals for the Seventh Circuit, Case No.18-3010.

运动饮料系列。除运动饮料外，该公司还销售许多运动营养产品。该公司于2013年开始公开将其产品描述为运动燃料。为了打造公众形象以反映其不断扩大的产品种类，Gatorade开始了品牌重塑工作。2016年，它在美国专利商标局注册了商标“Gatorade运动燃料公司”，值得注意的是，Gatorade否认独家使用“运动燃料公司”，并指出该短语仅用于描述产品。SportFuel发现被告在其宣传活动中使用上述含有“Sports Fuel”短语的行为，因此起诉商标侵权、不正当竞争和虚假原产地名称，违反了《美国兰哈姆法案》。Gatorade反诉商标应予撤销，并认为其行为构成合理使用。第六巡回法院维持了Gatorade的简易判决，认为SportFuel未能提供证据证明Gatorade合理使用辩护的三个要素中的任何一个存在事实争议。原告不服，向联邦第七巡回上诉法院提起上诉，第七巡回上诉法院维持地方法院的判决。

Gatorade的任务是证明：①它没有使用“运动燃料”作为商标。②使用是对其商品的描述。③它公平和善意地使用该商标。

在本案中，Gatorade没有使用“运动燃料”一词作为来源指标。法院裁定Gatorade很少在包装上使用“运动燃料”。当它主要在广告上使用商标时，它主要作为品牌商标的副标题出现。首先，它发现许多营养产品的生产商使用“运动燃料”术语来描述他们的产品。其次，它使用了“想象力测试”，并表示Gatorade使用“运动燃料”不需要“想象力的飞跃”来理解销售“运动燃料”的公司正在销售各种针对运动员的食品。

Gatorade公平、真诚地使用“运动燃料”。第七巡回法院裁定，Gatorade“仅仅知道”SportFuel的商标，没有其他主观恶意的证据，不足以证明犯规或恶意。

笔者认同法院的裁定判决，认为Gatorade很少在包装上使用“运动燃料”。当它主要在广告上使用商标时，它主要作为品牌商标的副标题出现，Gatorade描述性地使用了“运动燃料”。描述性术语只有在具有次要含义的情况下才能作为商标受到保护，只有当消费者认为该术语是产品的名称时，才会发生这种情况。商标的作用是区分自己产品与他人产品的区别，国家鼓励积极注册商标保护自己的合法权益，但这并不意味着对商标标识的垄断，只要他人不是以营利为目的盗用、滥用，就可以合理地使用已注册的商标。

案例15

阿迪达斯与Forever 21达成商标案和解[1]

2017年12月，阿迪达斯起诉Forever 21及其在Oregon（俄勒冈州）的一组供应商使用阿迪达斯注册的“三条纹”标志。该投诉指控商标侵权、不正当竞争和欺骗性贸易行为。阿迪达斯要求法院命令Forever 21停止销售相关产品，并要求赔偿包括利润损失在内的损害赔偿，以及惩罚性赔偿，这是法院可以作为额外惩罚形式的酌情措施。投诉最初被封存以保护专有信息。据透露，阿迪达斯还指控Forever 21正在销售假冒或“重新利用”的产品。阿迪达斯特别指出了带有三条纹标记的运动裤和短裤。阿迪达斯认为：侵权服装和鞋类以及假冒服装模仿阿迪达斯的三条纹标志可能导致消费者混淆，并以欺骗公众的方式隐瞒其来源、赞助或隶属关系。

阿迪达斯和 Forever 21关于商标侵权问题的纠纷已经延续了十年以上。 Forever 21在一份法庭文件中写道：“自2006年以来，阿迪达斯就开始抱怨 Forever 21 出售的条纹服装侵权，并且范围不断扩大，几乎涵盖全部带有装饰条纹的服装。”

2016年，阿迪达斯首次起诉这家总部位于洛杉矶的快时尚零售

1 United States District Court for the District of Oregon Portland Division,Case No.3:17-cv-00377-YY.

商使用其商标条纹。当时，Forever 21的法律团队开始进攻，要求加州法院作出宣告性判决，称它可以在“六件衣服”上使用有问题的条纹。不到一个月，阿迪达斯在俄勒冈州提起了商标诉讼。阿迪达斯在美国积极起诉其商标，这是知识产权持有人必须采用的策略来保护他们在这个国家的权利。阿迪达斯还起诉了Ecco、Marc Jacobs、斯凯奇和Tesla侵犯其注册的条纹商标。

2019年，欧盟法院宣布阿迪达斯的三条纹标志无效，理由是缺乏足够特色，欧盟法院表示：“阿迪达斯公司没有证明该商标在整个欧盟范围内已经获得了使用它后的独特性。”简单来说就是，三条纹不再是阿迪达斯的专属，其他品牌以后也可以使用三条纹符号。

近年来，阿迪达斯在维权的路上“一去不复返”，如阿迪达斯认为彪马品牌的四条斜杠标志侵害了其三条纹标志，因此在2017年将彪马告上法庭。笔者对欧盟法院的判决较为认同，三条纹设计采用的是数学里的等距矩形，属于基本元素，很容易被大众认可和采用，所以阿迪达斯若无法证明消费者会将其与阿迪达斯三条纹商标联系起来，则不应该对其他企业进行诉讼。

（三）体育用品品牌运营中商标权保护的启示及建议

商标权保护能有效维护体育用品品牌的核心竞争力，使得体育用品品牌健康有序发展，对体育用品品牌的发展起到保驾护航作用，因此，需要完善体育用品品牌商标权的法律法规，打击不正当竞争，维护消费者和体育用品生产企业的权益。

1.政府创新执法理念，完善体育品牌商标侵权行为的市场监管体系

完善的法律是保障市场健康的基础，政府应该加大对市场监管体系的管理力度，严厉打击侵权行为。创新是构成企业竞争力的重要组成部分，因此，政府还应该对企业加强扶持，鼓励企业进行创新，促使企业在可持续发展的道路上彻底站稳脚跟，有效地减少对他人商标权的滥用、盗用。

近年来，随着柔性监管理念的兴起，在监督管理体育用品品牌的过程中，政府采取“强制监管”与“柔性监管”并用的理念，及时、灵活地实施行政执法工作与行政处罚手段，从而构建起一套“刚柔并济”的良性监管执法模式，有效提升政府执法效能，推进政府监管与行业发展、品牌维权相统一。当然，在“简政放权”的大趋势下，政府也应当更多地采用社会治理机制，进行优势互补、整合力量，发挥行业组织、体育社会组织以及公民的重要力量，弥补政府主导的体育消费市场监管的不足，这样才可以对体育用品品牌商标侵权的行为依法进行严厉打击。[1]

政府对商标侵权行为的打击，有利于企业的公平竞争，净化市场环境，保护消费者的权益，保障消费者买到货真价实的产品。同时，也有利于督促企业增强创新意识，提高服务质量，提高经济效益，推动社会发展。

2.企业增强品牌保护意识，提升品牌创新，提高市场竞争力

企业应该严格遵守《商标法》，增强品牌保护意识，要有长远发展目光，不能只顾眼前的短期收益，要想把自己的品牌做大做强，就要引进国内外专业人才，加大创新力度，牢记创新是发展的第一动力，创立自己的品牌，提高市场竞争力；强化法律意识，坚决同商标侵权行为做斗争，不能恶意侵害他人的合法权益，要共同维护良好的市场竞争环境。同时，合理引导大众体育消费，企业应该宣传如何辨别产品的真伪，提高消费者辨识能力，防止一些不法商家利用商标的相似性误导消费者，那样不仅会侵害消费者的权益，也会损害企业的利益。

---

1 张剑威,汤卫东. 我国体育品牌“傍名牌”行为及其法律规制——基于“乔丹系列案件”的思考[J]. 体育成人教育学刊,2017,33(6):41-46.

3.消费者增强法治意识，注重商标保护，树立理性消费观

如今，假冒伪劣商品随处可见，作为消费者，要有基本的法律知识，树立起维权意识，坚定地维护自己的权益。当买到假冒伪劣产品时，消费者应向有关部门检举投诉，敢于拿起法律武器维护自己的合法权益。此外，应该不断加强对产品的认识，随着科学技术的飞速发展，生产技术和工艺日益高度复杂化，消费者无法对所购产品的真实性作出判别，这也是其被不法商家恶意欺骗的重要原因。最后，作为消费者还应该树立理智、健康的消费观，避免盲目追求“大牌”，不法商家最易利用消费者的虚荣、侥幸等心理对其利益造成侵害。

第五章

体育场馆品牌运营中的知识产权

体育场馆对于一座城市的作用和意义早已不只是承办体育比赛那么简单，而往往是一座城市的地标性建筑甚至是整个城市形象的一个缩影，并作为体育产业发展重要的物质文化载体受到人们的重视。然而，体育场馆运营管理一直是制约中国体育场馆发展的一个重要因素。本章通过对体育场馆品牌运营中知识产权相关案例的研究，分析探讨品牌化的场馆运营管理在未来的实践价值，以提高场馆利用率、盈利等方面的综合能力，助力体育产业的发展，从而早日实现体育强国梦。

一、体育场馆品牌运营概念界定

（一）体育场馆

在体育场馆界定方面，闵健等认为，大型体育场馆主要指由政府投资兴建的体育场馆，并由政府体育部门主管，向公众开放体育服务的综合体。[1]在学者们看来，公共体育场馆就是由国家或者社会出资建设的体育场馆，由各级行政部门负责管理，为社会体育的发展，为群众健身、运动员训练提供的体育活动场所。[2]赵雷等将体育场馆界定为：以体育赛事为主的体育锻炼地点，闲暇时也能满足商业演出，并为居民提供避难所。它以满足广大社会群众对大众体育的需求为主旨。[3]徐文强等对公共体育场馆作出了如下定义：由政府主导筹资、主导修建，应用于群众体育的公益性、非排他性体育场馆及设备设施等，是实现中国体育强国梦的基本物质条件。[4]

（二）体育场馆品牌

1.体育场馆品牌概念

体育场馆品牌是对场馆名称、标志以及为消费者提供服务的多个要

1 闵健,柳伯力,胡艳,等.大型公共体育场（馆）经营管理体制性障碍研究[J].体育科学,2006(9):6-12,39.

2 刘迅雷,葛金琰.国内外公共体育场馆运营管理比较研究及发展对策[J].当代体育科技,2021,11(19):178-180.

3 赵雷,雷利.体育场馆经营管理概论[M].北京:北京体育大学出版社,2007:25-26.

4 徐文强,陈元欣,张洪武,等.我国公共体育场馆经营现状及管理体制改革研究[J].成都体育学院学报,2007(3):1-6.

素的综合体现，其中包括场地内的运动设施、场馆周边和内部的环境、场馆内的休闲配套设施、场馆服务者的综合素质等，这些因素共同构成了体育场馆品牌的外延和内涵。体育场馆的品牌形象是对其特色和卓越服务质量的高度升华，是其综合实力的最佳体现。体育场馆品牌是由众多元素构成的综合体，其主要包括场馆标识系统、建筑与场地环境设计等要素。体育场馆的社会地位是对其创建和发展历程中所积淀的跨越时空的社会认可程度的一种反映。体育场馆品牌建设不仅能够为体育组织带来经济效益和社会效益，而且能提升场馆的整体形象和声誉，增强其吸引力和竞争力，对于推动体育场馆的快速发展，发挥着巨大的促进作用。

2.体育场馆品牌特殊性

众所周知，品牌的力量是无形价值中的重要一环，而体育场馆作为线下载体，其品牌形象与体育场馆的运营息息相关。有形资产一直在体育场馆商业化运作中占据重要地位，而其中就包括场地设施资源、物联网科技产品等。体育场馆的场地资源具有收益快、商业化成熟等特点，无论是自营培训业务，还是租赁、赛事举办等，都是场馆颇为重视的现金流生意。但随着同类场馆的增多，体育培训机构、赛事运营企业等拥有了更多的选择性，严重依赖场地资源的场馆生存变得愈加艰难。因此，体育场馆应该与体育赛事、俱乐部、培训机构、赞助商进行更加紧密的合作，使体育场馆品牌具有更鲜明的体育特征。

（三）体育场馆品牌运营

1.体育场馆品牌运营的概念

品牌与体育场馆的运营有着密切的联系，有助于实现体育场馆品牌的扩张。大型体育场馆的运作需以品牌为纽带，注重品牌的经营和品牌的竞争，在对外扩张中实施输出品牌的经营战略。

对于大型体育场馆而言，运营与营销是其最为核心的经营内容。通过加强运营营销能够促进场馆设施正常运转，并为体育活动及赛事开展奠定良好基础。场馆的运营是影响经济效益的因素之一。有效的运营模式与营销手段能够为场馆创造可观的经济效益，是其面对外部竞争时的“底气”所在。

加强运营与营销能力意味着能够提升场馆的整体软实力进而赢得更多的合作客户，这对于场馆持续发展具有积极意义。场馆在运营与销售过程中，要充分借助新媒体这一手段，拓宽信息传播渠道、发掘潜在用户，利用这一渠道树立良好品牌形象、提升场馆自身价值与影响力、充分迎合客户获取信息倾向，以此提升场馆创收能力。

2.体育场馆品牌运营的重要性

（1）场馆提高盈利的需要。场馆运营时规划设计品牌，并且能够长期有效地投入其中，当其实现全新品牌形象时，其商业价值不可同日而语。在如下商业运作上存在巨大盈利空间：首先是销售冠名权。销售冠名权是场馆经营的主要趋势和场馆的巨大收入来源之一，一个成功的场馆品牌能够吸引高冠名权转让费。其次是商家赞助问题。商家选择赞助首先要考虑的是所赞助的比赛及活动能否实现对本商家的推广，一个成功的场馆品牌能承办大型比赛及活动并能满足商家的需要，自然就能吸引一大批顶尖商家赞助。最后是广告、特权商品、门票等内容。

（2）赛事资源的需要。大型体育场馆的运营和商业活动密不可分，这些活动是全球稀缺的资源，因此，产权所有者一直期望这些活动能够在有影响力、具有市场效应的体育场馆中举办。在当前我国经济快速发展的大背景下，大型体育赛事日益增多，给人们带来更多的体验和感受。这实际上牵涉到全球各大体育场馆的角逐，为了吸引产权方，必须具备相应的硬件和软件，而场馆品牌的影响力则更加凸显。

（3）参与市场竞争的需要。体育场馆的运营属于服务业范畴，其所提供的产品旨在满足广大民众的娱乐、健身、参与和其他需求，同时吸引了众多公众消费的活动，包括但不限于展览、电影、旅游和演唱会。因此，如何提高体育场馆的知名度以及提升其无形资产价值成为众多产权方所关注的问题。中国的社会商业化进程仍处于探索阶段，消费者的消费意识尚未成熟，对商品和服务的忠诚度也不够高，因此，体育场馆应该在市场竞争中脱颖而出，树立良好的品牌形象，这是增强自身竞争力的一个至关重要的要素。

（4）城市营销的需要。近些年来，中国城市营销进入了我们的视野，而体育元素也可以成为城市营销中的重要视角。国外城市如巴塞罗那、曼彻斯特和都灵等都成功地将体育元素作为城市营销的利剑，国内城市如北京和上海也分别通过奥运会和网球大师赛等方式向全球宣传城市形象。由此可见，大型体育场馆的城市营销效果显著，如果缺乏成功的场馆品牌，体育元素在城市营销中很难发挥作用。

（四）体育场馆品牌运营知识产权

知识产权客体即知识产权保护的对象或知识产权标的，是指人类在科学、文化和科技方面创造出来的智力成果及工商业标记。与物权客体不同，物权支配的客体是具体的物，也就是有体物，可以被人体感觉器官感知到，并且可以被人控制。知识产权以智力成果、商业标记以及经营性信誉为对象，没有形体，是智力成果与商业标记并存的精神财富。它没有物质形态和一定空间，是人所看不到和摸不着的无形财产，客观上不能为人所实际拥有和控制。

体育无形资产属于复合概念，它是无形资产这一概念在体育领域的扩展与应用。“无形资产”这一术语，在不同的学科、不同应用环境中，有不同的定义。我国较权威的解释是2001年财政部印发的《资产评估准则——无形资产》的表述：“无形资产，是指特定主体所控制的，不具有实物形态，对生产经营长期发挥作用且能带来经济利益的资源。”根据这个解释，体育的无形产权则是不具备实物形态，能被体育活动的主办者、组织者、参与者所控制，对某类体育产业的经营长期发挥作用且能带来经济效益的产权。如大型体育竞赛的冠名权、冠杯权、广告代理权及电视转播权，重大体育活动、知名体育组织的名称、徽记、吉祥物等标志的专有权和特许经营权等。体育无形产权相对于体育有形产权来说研究起来比较困难，有些产权的体育特征很明显，从产权交易的角度看，这类体育产权的交易非常复杂，而且能够代表体育产权交易的特点。[1]

体育场馆的无形资产，有知识型无形资产和权利型无形资产。体育场馆的权利型无形资产指的是由法律、契约、合同或是授权所产生的无形资产，即场馆在运营过程中的各项权利。场馆的所有者往往拥有场馆的一切权利，包括各种资产和资源的支配权和处置权等，管理着在场馆内所进行的一切商业或其他活动。场馆的权利型无形资产主要有场馆的冠名权等。[2]

1.知识型体育知识产权

在体育场馆的无形资产中，知识型无形资产指的是由人类智力发明创造的成果而延伸产生的无形资产，具体到体育场馆来说，其知识型无形资产是指场馆的著作权、商标权、专利权等。

（1）著作权。

《著作权法》（2020年修正）第3条第4款、第7款中明确将“建筑作品”“工程设计图、产品设计图、地图、示意图等图形作品和模型作品”列入著作权保护范围，即建筑物、设计图、投标文件、建筑模型等均受到我国《著作权法》保护。现实中，建筑行业常见的著作权，就包括建筑勘察、设计、施工、管理咨询活动和科研活动中形成的，以CD、VCD、图片、照片等各种载体所呈现出的文字作品、图形作品、模型作品、建筑作品等作品的著作权。

1 黄海燕,张林.我国体育产权的分类及其交易研究[J].成都体育学院学报,2007(1):21-26.

2 王泽宇,李凌睿.浅析体育场馆无形资产的定价问题[J].时代经贸，2018(6).

体育著作权，是指体育原创性的智力成果，以及在传播过程中产生的与原创体育作品相关联的各种作品、物品或其他传播媒介。[1]体育著作权的客体标准包括三个方面：首先，体育作品应当是思想和感情的表现。其次，体育作品应当具有独创性和原创性。最后，体育作品的表现形式应该符合法律的规定。例如，综合法律及事实依据分析得出结论，像鸟巢这样的建筑作品的外观设计属于著作权保护的范畴。[2]

（2）商标权。

商标权的客体是商标，商标是经营者为了使自己的商品或服务与他人的商品或服务相区别而使用的标记。商标最主要的功能是来源识别功能。经营者将商标使用于自己的商品或服务上，使消费者通过商标认识、记住自己的商品或服务，了解自己商品或服务的质量、品质特点，建立自己的信誉，消费者则可以通过商标选购心仪的商品或服务。除此之外，商标可以促使商标使用人努力保持、提高商品和服务的质量，因此，商标就有了另一派生功能，即质量担保功能。任何能够将自然人、法人或者其他组织的商品或服务与他人的商品或服务区别开的标志，包括文字、图形、字母、数字、三维标志、颜色组合和声音等，以及上述要素的组合，均可以作为商标申请注册。

在建筑、房地产行业，商标权主要分为两种：一种是建筑企业自身的商标，如企业字号、标志、英文标识；另一种则是建筑物本身，如楼盘案名。需要说明的是，有时针对同一个对象，可能涉及多个知识产权，如对于楼盘案名来说，有时既涉及著作权，又涉及商标权。对于案名创意的创作者来说，其享有案名著作权；一旦将其注册成商标，其又享有对案名的商标权。

---

1 张玉超.我国体育知识产权的基本法律问题研究[J].中国体育科技,2014,50(2):103-111.

2 刘瑛.再论建筑作品的著作权保护——从“盛放鸟巢”烟花侵权纠纷案谈起[J].知识产权,2012(2):35-41.

体育商标权，是指体育商标注册人对其注册商标所享有的权利。它包括体育经营商号、体育产品标志、体育产品名称等。[1]战略性地运用商标，能够使企业建立自己的声誉，创造巨大的收入来源，以支付组织这些赛事的成本。商标是能够将一家实体的商品或服务与其他实体的商品或服务区别开的标志。商标是不可替代的强大营销工具。商标法对体育标志也作出了保护性规定。

（3）专利权。

专利也称专利权，是指申请人在一定时间内对其发明创造成果所享有的独占、使用和处分的权利。专利的本质是以公开换保护。专利具有三大特征，即独占性、时间性和地域性。独占性，是指拥有专利可以独占市场，没有专利权人的允许，任何人都不得为生产经营目的制造、使用、销售、许诺销售、进口该专利产品或依照其专利方法生产该产品。时间性，是指发明成果只在专利保护期限内受到法律保护，失效专利包括期限届满或专利权放弃、不交年费而中途丧失，任何人都可无偿使用。地域性，是指一项发明在哪个国家获得专利，就在哪个国家受到法律保护，外国专利在中国不受保护，中国专利在外国也不受保护。

体育专利权是法律赋予体育专利权人对其获得体育专利的发明创造在一定范围内依法享有的专有权利，主要表现在体育场馆设计、体育器材、体育仪器、体育设备、体育服装等方面各项发明专利、实用新型专利和外观设计专利。在场馆建设与运营方面，特别要重视专利权保护。在体育场馆的设计和建设之前，要做好检索工作以避免与他人的外观设计专利权相冲突。在场馆的建设过程中，要注意建筑设备和施工方法的专利权保护。此外，还需注意专利申请和后期转让、许可和收费等问题。在许可和转让的过程中，既需要考虑授权内容，也需要考虑授权时间、授权地域等因素。

---

1 张厚福,赵勇戈,胡建国,等.体育知识产权的客体与法律保护[J].武汉体育学院学报,2004(1):12-15.

2.权利型体育知识产权

所谓权利型体育无形产权，是指以各种特许权为主要内容的一类体育产权，主要包括对物产权和行为权利。对物产权是权利人设立在他人（包括国家）用所有权的有形资产上的权利，如体育场馆、设施的租赁权、经营权，体育运动训练基地的土地使用权等。行为权利是国家特许或当事人约定可做某种经营行为以获得利益的权利，如体育彩票的发行权和销售权、体育商标的特许使用权、体育赛事的举办权、电视转播权、冠名权以及利用体育相关标志进行产品的市场推广权等。针对体育场馆，我们主要讨论冠名权。体育场馆冠名权，是指体育场馆的所有者或经营管理者将体育场馆的命名权予以转让，从而给转让双方带来直接经济利益或商业机会的权利。[1]

体育场馆冠名权是体育场馆一项重要的无形资产，其特点主要有如下几个方面。一是无形性。体育冠名权首要和主要特点是无形。这一特点决定了冠名权从无形财产权中独立出来，与所有有形财产以及由此而产生的权利相分离，冠名权作为有形的物，所有人都对冠名权行使权利进行处分，标的都是有形物自身。而冠名权在所有人对其进行权利转让和买卖时，其标的物只是此名，并无特定存在的客体。“无形”这一特征，对冠名权的保护、侵权的认定和交易，提出了远比有形财产更为复杂的问题。二是专有性。有形财产还存在专有性特征，它与所有权同样具有排他性、绝对性等特征。体育冠名权是权利人的专有权利，权利人对这一专有权利具有占有权和严格保护权。凡无法律规定或者未征得权利人同意的，不得利用其冠名权。体育冠名权专有性包括权利主体享有名称处分权、转让权和买卖权。三是非时间性与时效性。体育冠名权之所以具有非时间性，是因为所有权只要客观事物不灭失，就不受时间的制约，也就是权利受法律

1 廖钰珊，蒲毕文.体育场馆冠名权概念及法律属性分析[J].广州体育学院学报，2013,33(5):45-49.

的保护。同时，体育冠名权也有时效性，表现为两方面。对球队、场馆等的冠名，通常按照签订合同的期限进行，少则数月，多则数十年，仅在合同约定的期限内冠名生效，一旦合同解除，冠名权又归权利人所有。而对时间短暂的单项赛事或运动会进行冠名时，虽未商定消除期限，但因比赛持续时间短，一个特定时期内受重视程度较高，赛事结束后，极少有人重新关注赛事和与赛事有关的名称，这一冠名也会随时间推移逐渐淡出人们的记忆。四是载体的高接受性和多样性。体育本身作为一种充满竞争、活力，积极向上的价值观载体，它的名称成为冠名企业的名称或服务时，不会引起人们的反感。与其他冠名相比，体育冠名权是一种效益高的曝光媒介，企业通过冠名这种有形的手段，结合体育项目本身所蕴含的独特精神，在潜意识里将自身和理念渗透到利害关系者心中，这种高频次的企业标记会在观众心中留下深刻的印象。另外，体育比赛项目繁多，体育组织样式灵活，体育场馆无处不在，企业可针对与自身要求相关的体育所属物给予冠名。如针对建筑物的有体育场馆；针对特定事件的有体育赛事、体育运动会开幕式及闭幕式等；针对特定团体的有体育运动队、单项俱乐部、体育组织等。[1]

二、体育场馆品牌运营的保护对象

（一）体育场馆中的著作权

1.保护对象

在我国1990年9月7日通过的《著作权法》中并未明确规定保护建

1 常娟,李艳翎.论体育冠名权及其法律界定[J].北京体育大学学报,2005(10):1320-1322.

筑作品，但1991年5月30日发布的《著作权法实施条例》在对“美术作品”进行解释时，明确了美术作品包括建筑作品，至于建筑作品具体指的是什么，在该实施条例中也未明确规定。随着中国加入世界贸易组织（WTO），《著作权法》（2001年修正）将建筑作品单独作为一类作品保护，加强了对著作权人著作权的保护，更加符合我国参加的《成立世界知识产权组织公约》《保护文学和艺术作品伯尔尼公约》等一系列与知识产权保护相关的国际公约的精神，也适应了我国“入世”的需要。但与国际社会对建筑作品的保护相比，《著作权法实施条例》（2013年修订）第4条第9项规定：“建筑作品，是指以建筑物或者构筑物形式表现的有审美意义的作品。”使用这一模糊概念介绍建筑作品，体现了我国对建筑作品的概念以及不同形式的复制行为的界定还不清晰，建筑作品的内涵还需重新界定，我国对于建筑作品保护的立法缺乏可操作性。[1]

2.不予保护的对象

《著作权法》（2020年修正）第5条明确规定了不予保护的对象：“本法不适用于：（一）法律、法规，国家机关的决议、决定、命令和其他具有立法、行政、司法性质的文件，及其官方正式译文；（二）单纯事实消息；（三）历法、通用数表、通用表格和公式。”

3.著作权的取得

我国采取自动取得原则，当作品创作完成后，只要符合法律上作品的条件，著作权即产生。著作权人可以申请我国著作权管理部门对作品著作权进行登记，但登记不是著作权产生的法定条件。作品登记过程仅对作品的权属信息作形式审查，一般对著作权的归属只能起到初步证明的作用。

---

1 杨宝.对我国《著作权法》中“建筑作品”概念的探讨[J].建筑学报,2008(6):94-96.

（二）体育场馆中的专利权

制定专利法，是为了保护专利权人的合法权益，鼓励发明创造，有利于发明创造的推广应用，提高创新能力，从而能够促进科学技术进步和经济社会发展。其中的第一目的，就是保护专利权人的合法权益。制定专利法，就是要通过建立专利制度，保护专利持有者依法获得的专利权，从而鼓励创新，这是专利法立法的宗旨，也是贯彻落实专利法其他目的的基本保障。如果没有可靠的法律保护，那么专利制度是不可能发挥它的作用的。世界各国百年的专利制度已经证实了这一点，我国专利法实施以来也初步证实了这一点。

1.抽象性

建筑专利权保护的技术方案具有抽象的特点。从事建筑方面发明创造的人和负责专利审查工作的人，他们比较习惯形象思维。建筑发明创造者发明创造的过程，是不断完善和改进的过程。建筑专利权保护的不仅是抽象的技术方案，还是该产品在具体和抽象之间的转换。而技术审查人员，也应当明确实质审查的过程是将要求保护的技术方案和现有的技术方案进行系统的对比，这就是抽象和抽象之间的比较。在现有的技术方案中不存在雷同的技术方案的前提下，应当扩大该项发明的范围，而不是将这项发明限制成一个具体的实物，以利于将来为发明创造提供保护。如果发生了专利侵权的纠纷，那么对于司法人员而言，比较对象的一方是权利要求所保护的技术方案，另一方是被控侵权的产品或方法。前者是抽象的，后者是具体的，所以是抽象与具体之间的比较。在侵权诉讼中，原告为了便于清楚地说明其专利的技术内容，经常将建筑专利产品拿到法庭上，和被控侵权的产品进行直观的具体比较。这样做并无不可，但是应当始终明确的是，专利产品并不等于专利所保护的技术方案。总而言之，建筑专利权的抽象性是相对的，不是绝对的。每个具体的建筑产品或方法都对应着其抽象的技术方案，而一个抽象的技术方案也可能有另一个专利的具体实施例。总之，具体与抽象在专利保护和专利侵权中是一对矛盾的统一体，两者之间既有联系，又有区别，共生共存，相互转化，几乎出现在专利保护和专利侵权的各个方面，故应当在实践中予以足够的重视。

2.不可灭失性

建筑专利权所保护的是一种无形财产，是一种技术方案，具有抽象性、看不见、摸不着的特征，当然它不会像有形财产那样随着时间的推移而损耗和灭失，不过它也不是永恒的。原因如下：专利权具有时间性，会因保护期间届满或放弃等失效；专利权所保护的技术也会因时间的推移而老化、过时，变成无任何价值的东西。这一方面要求建筑专利审批机关和司法机关尽快完成各种专利审核程序，在法律范围内采取各种措施，让专利权人能够充分地利用其有限的时间，有效地行使其所具有的权利，从专利技术的实施、转让中取得收益，从而保障专利法的立法宗旨的实现。当前，我国在这方面尚有诸多问题需要改进，需要各方面的协调，包括采取必要的立法措施。另一方面，建筑专利权人也要认识到，世界上没有任何东西是永恒的，专利技术也不例外。得到了一项专利并不意味着某项技术一劳永逸地得到了保护，应当不断地进取，不断地有所发明、有所创造、有所前进，不断地布局新的专利，在自己的技术领域内构成一个专利族、专利网、专利池，甚至是一个知识产权保护体系。只有这样，才能在我国社会主义市场经济日趋激烈的竞争中，在国际经济交往中，有效地保护自己的技术成果，立于不败之地。

3.保护范围的不确定性

对有形财产而言，其保护范围的确定是直观的，一般不会出现什么问题，所以一般不会成为学术研究的焦点。而无形财产则不然，其保护范围的确定是一个复杂的问题。但是，对于无形财产作为保护对象的知识产权，特别是建筑专利权而言，情况则有所不同。各种知识产权的所有人往往从有形财产权的概念出发，认为其产权的组成部分和要素当然也应当属于保护的对象。这种认识并不完全正确。对知识产权适用的原则是，对要素组合的保护并不会必然地延伸到每个要素本身。在建筑专利侵权判断中，一个基本的判断原则就是，被告的建筑产品或方法必须实现专利权利要求的全部技术特征（或者以相同的方式实现，或者以等同的方式实现），才能认定侵权。

（三）体育场馆中的商标权

1.商标权的取得原则

（1）使用取得原则。使用取得原则，是指商标权的获得的依据是商标在商业活动中被真实使用，注册只是证明享有商标权的初步证据。该原则认为，商标只有真实地使用，才能发挥商标的功能和作用，无使用的商标无必要给予商标权保护。美国采取的是商标使用取得原则。

（2）注册取得原则。注册取得原则，是指商标权的获得的依据是商标行政管理部门的核准注册，未注册的商标不能享有商标权的保护。注册取得原则容易诱发商标的恶意注册，但该原则的优势在于安全和效率。我国采取的是注册取得原则，但同时商标立法上也不断强化对未注册商标的保护。

（3）商标权的限制。商标法对注册商标的保护不是绝对的，有些利用与注册商标相同或近似的文字或图形的行为不属于商标法意义上的使用行为。《商标法》（2019年修正）第48条的规定意味着如果他人未将与商标相同或近似的内容用于识别商品来源，就不属于对商标的使用，自然不可能构成侵权。此外，有些行为虽然涉及利用商标的识别功能，却基于正当的理由或目的，也不构成侵权。

2.商标的正当使用

商标正当使用，是指非商标权人在一定条件下，可以使用他人商标而不构成商标侵权行为。由于我国商标法中仅对商标描述性使用进行了明文规定，对其他商标正当使用的内容并未提及，因此商标正当使用的种类具体有哪些并不明确，目前学界达成共识的是，商标正当使用至少包括商标描述性使用和商标指示性使用。

3.法律保护

品牌获得法律保护的前提是经过注册获得商标专用权。体育场馆品牌也不例外。只有经过商标注册获得了法律上的保证，体育场馆品牌才能得到更有效的保护，不在市场上留下隐患。这就客观要求体育场馆树立品牌并强化注册意识，而且在商标注册时，要尽可能地做到商标宽注册、多样化注册和广注册。

（1）注册类别要宽。商标权存在范围，这个范围以商标注册时核准的商品为限，超过核准的商品范围的商标不能得到法律的保护。我国在商标注册时，把与之不可分割的商品按国际通用标准将商品分为34个大类，将服务分为11个大类。体育场馆可以根据自身实力和生产经营情况以及未来发展的可能来选择其中相关的类别。

（2）字、图多样化注册。这也是一种品牌保护的方式而且是防御性的品牌保护方式。所谓防御商标注册，就是体育场馆为了防止他人侵犯商标专用权而在同一商品上申请注册两个以上的近似商标的行为。获准注册的多个近似商标中，一个为正商标，其他的近似商标则为防御商标。防御商标有两种形式：一种是以正商标文字的交替颠倒而形成的防御商标，另一种是以正商标的主要文字衍生而成的亲族型防御商标。但防御性商标的注册有一定的条件，只有在该商标注明的品牌有一定知名度时，防御商标的注册才有可能。

（3）注册区域要广。品牌的市场进展与拓展能力是品牌价值的重要体现。体育场馆品牌注册的保护区域要跨出国门，根据体育场馆发展规划，及早申请国际注册。

（四）体育场馆中的冠名权

1.体育冠名权的内容

从义务主体上看，体育冠名权的内容有两部分，一是权利主体对冠体的所有人或支配人所享有的权利，要求冠体的所有人或支配人履行体育冠名合同，使得权利主体能够对冠体进行冠名并加以传播，达到预期的效果。二是对不特定的任何人享有的权利，其他不特定的任何人需要负有不作为的义务，不得侵害、干扰或妨碍权利主体行使冠名权。

从权利内容来说，体育冠名权有两方面的内容，一是积极的权利，即对冠体进行冠名并加以传播，也就是对冠名的使用和处分。冠体享有冠名权，可以依据自己的意志对形成的体育冠名加以使用和进行一定程度内的处分，包括变更、转让、赠与、放弃等。二是消极的权利，主要是对冠名的保护，使其免受非法的侵害，如盗用、顶替体育冠名。如果冠名权的行使遭受了非法的干涉，冠主有权寻求救济。

2.法律保护

（1）冠名权法律保护的必要性。为使赞助双方的合法权益得以实现，提高当事双方合作的积极性，有力促进体育产业的有序协调发展，迫切需要法律作出有效回应，并提出具体可行的对策。

（2）体育冠名权的法律救济。体育冠名权毕竟是一种继受于物主的权利，也最有可能遭受来自物主的侵害或妨害。这种情况下冠名权的救济应当根据合同追究当事人的违约责任来判定，在实践中冠名权受到侵害，多数是因为物主未能按照冠名权合同的约定履行义务。

3.沟通、合同签署以及后续合作过程中的相关注意点

（1）合作主体与合同主体。对于冠名一个场馆来说，合作双方的主体一定是品牌企业和场馆两方，但是不论是冠名方还是场馆方，都需要明确一个合作主体、合同主体的界定。

（2）场馆更名。场馆冠名从本质上讲就是一种纯市场化的商业行为，既然是商业行为，那合作双方都应将冠名合作上升到商业诚信的高度来处理。冠名后的场馆官方称谓官宣后，场馆方应摒弃冠名前的场馆名，并尽一切努力替换所有冠名前的原场馆名在线上和线下渠道中的呈现，其中包括网站、票务、证件、海报、标识等。合理做到自身的管理之后，就需要进一步引导和约束社会范围内各方，场馆应该尽力争取和城市轨道交通及公交网络，甚至高速公路和路政协调，争取将所有涉及的场馆标识、标牌统一更换成冠名后的场馆称谓。

（3）排他权益。在合作期间，场馆方需要保障冠名方的地位。因此在有冠名的情况下，无论冠名方的竞争方提出多么诱人的合作方案，场馆均不能和对方开展任何权益合作，其中当然包括场馆内外，或与场馆有关的所有标志、广告、营销渠道等露出，包括显性的露出和隐性的露出。显性的露出有场馆内的固定标志牌、场馆的附属标志牌以及其他的标志广告和LED等。隐性的露出有营销活动、市场推广、单体项目合作等。双方应在磋商期就对排他领域做个细分阐述，防止冠名方的竞争方出现在所有行业领域。当然，也不能让冠名方的“权力”无限大。

（4）赞助露出权益。大型体育场馆冠名权益中，一项重要权益就是冠名的露出权益，其中场馆外立面的标识露出相对来说最重要。在沟通方案和协议中应明确外立面冠名标识的位置、尺寸、材质、工艺，并获得冠名方和场馆双方的认可。除此之外，场馆内广告宣传载体的体现，如展示板、屏幕（含记分牌）、看台出入口的标示等，都需要有细化的可操作方案。

（5）标识费用。在讨论标识费用前，冠名方和场馆方首先要尊重两个事实。第一，看重品牌传播质量的一定是品牌企业自身。第二，冠名方在制作使用和传播自身品牌方面更为专业，因此在冠名协议期内，冠名方应该主导负责制作、安装、调换所有标志，并承担相应的成本费。场馆方应根据协议要求，尽可能配合好相关工作。

（6）支付。冠名赞助大型体育场馆是一个中长期的合作计划，而且赞助金额体量相对较大，因此如何分期付款是一个重要的议题。

（7）业务指标。既然是商业合作，那合作双方需要进行磋商及博弈。对于场馆方及冠名方来讲，场馆的活动数量、活动质量、人流量是最为直观的商业价值依据。

（8）品牌许可使用。一般来说，冠名后的场馆不论是在整体名称还是Logo设计，以及主视觉AI方面，都会运用到冠名方商标中的主视觉元素。为了后期工作的顺利开展，冠名方应向场馆方授予在冠名期内无偿使用冠名方名称和标记的权利，用于合同约定的正常商业活动、市场推广和营销。另外须明确的是，场馆在使用冠名方名称和标记的时候，必须使用冠名方既定的标记样式、商标或服务标识，必须遵守冠名方给予的书面指引或指示。

（9）合作年限。场馆冠名合作期限不等，冠名方若对场馆的经营和带给品牌方的宣传效果有信心，也可以考虑签订更长的冠名期。与此同时，场馆也应有充分的市场预见性，判断中短期或长期合作协议的利弊。轻资产的场馆运营管理公司，更应考虑与冠名方合作的年限，避免无效合同的产生。

（10）翻修或重建。冠名毕竟是一种时间相对较长的合作，因此冠名合同中，还需要有约定场馆翻修甚至重建的相应条款。若冠名期内体育场馆需要翻修或重建，应当明确翻修面积或翻修时间，以及是否会影响双方的冠名和实质性合作，并应该根据冠名合同中的公式计算，返还冠名方已支付的冠名费用或抵扣未来的冠名费用。

（11）不可抗力。不可抗力是指超出体育场馆或冠名方任何一方合理控制的范围，所造成或引起的事件和后果，包括罢工、暴乱、洪水、台风、疫情、恐怖主义活动等，或任何其他类似的超出其合理控制的事件或条件，受到影响的一方不需要承担相应的违约责任。

三、体育场馆运营知识产权保护现状

（一）体育场馆著作权保护

琳琅满目的运动场馆不仅是人们进行体育锻炼的场所，还是一种艺术形式。在奥运会和各种球类比赛等大型体育赛事带来的商机的驱动下，不少商家竭尽所能地利用比赛场馆的知名度和商业影响力，通过模仿、复制、变造或转用等多种方式追求个人私利，甚至建造了各种“山寨”场馆以博取民众眼球。虽然这种“搭便车”行为可以快速获得知名度，但涉嫌侵犯他人的合法权益。在知识产权案件保护中，关于体育场馆建筑物的知识产权纠纷也时有发生。体育场馆属于知识产权保护的客体，下文将从著作权角度出发对体育场馆运营中的知识产权进行论述。

1.建筑作品著作权保护

著作权法旨在保护所有文化、艺术、自然科学作品，但早期的著作权纠纷主要集中在文字和艺术作品上。然而，随着社会的发展，新一代的技术创造了新类型的物品，如软件和电气作品，这些都被纳入了著作权保护的范围。另外，建筑作品在《著作权法》（2001年修正）中被明确增加为一种作品类型，并在后来的相关实施条款中得到了解释。这为建筑作品的保护提供了明确的法律依据。

对建筑作品进行界定，是保障建筑作品著作权的必要前提。在我国的著作权制度中，建筑作品具有审美意义是其区别于建筑产品的特殊所在，这是因为建筑作品不仅要具备实用性和功能性，还需要体现其独立于实用功能的独特建筑设计及其艺术美感，如北京的鸟巢体育馆、巴黎的埃菲尔铁塔等都是因其与众不同的建筑设计给人以美的感受。建筑作品包括建筑规划、建筑设计图、建筑模型及建筑物，还包括其外观和内部的设计、装饰及装潢，但不是所有的建筑物都可以定义为建筑作品。

根据建筑作品的基本特征，独创性建筑作品除了具有一定的有形形式和可复制性，还应该具有一个很重要的特征，即视觉美感。对于建筑作品侵权的判断，可以按照一般民事责任法对其进行评定。首先，行为人主观上必须对建筑作品抄袭、剽窃、伪造有罪；其次，行为人必须对债权人造成损害；最后，肇事者必须侵犯建筑作品，并且实际损害与造成的损害之间必须存在因果关系。一般来说，这意味着对建筑作品的侵权行为是在未经权利人授权和没有行使授予权利人的权利的情况下发生的。可以将目前建筑的外观与原建筑的外观进行比较，主观地判断它们是否非常相似或全部或部分相同。如果能证明侵权人通过各种渠道接触到原来的作品结构和熟悉原来的建筑作品，并发现现有的建筑作品与原建筑作品有明显的相似之处，可以认定侵权建筑涉嫌剽窃。[1]

复制权是建筑作品著作权中的主要核心内容。大多数侵权行为是以这种方式进行的，有关建筑作品的纠纷主要集中在对复制权的侵犯上。根据媒介载体是否被改变，建筑作品的主要复制类型可以分为以下几种。

（1）从平面到平面的复制。其主要体现在建筑从设计图到设计图的复制抄袭，是指对建筑设计图进行平面复制，这种类型的复制抄袭并没有改变作品的载体。就建筑作品而言，其以一张建筑设计图为基础，创造一个相同的或虽然不同但基本相似的建筑设计图。例如，侵权人利用模仿、拓印、复印、印刷的方法将鸟巢国家体育场馆、水立方国家游泳场馆等地标性的体育场馆建筑设计图制作成一份或多份进行牟利的行为，就构成了对建筑作品设计者著作权复制权的侵犯。

（2）从平面到立体的复制。通过这种复制，作品的原始载体发生了改变，这主要是参照建筑设计图进行施工，修建一个建筑物或制作一个建筑模型，将二维的设计图纸转变成了三维的建筑实体。我们都知道建

1 黄学梅,高祥忠.论建筑作品的外观保护——以铜陵市博物馆为例[J].法制与社会,2020(14):224-225.

筑设计图是完成建筑作品的核心要素，一张建筑设计图纸包含了该作品的所有独创设计理念，如果建筑设计图纸在建筑施工前泄露，被侵权人参照修改成为建筑作品建设的依据，就构成了建筑作品著作权平面到立体的复制权侵权。

（3）从立体到平面复制。这种复制包括两种情况。第一种是拍照或复制建筑物以将三维建筑物转换为平面作品。第二种是基于建筑物的模型创建建筑设计图。第二种是最常见的侵权形式。第一种通常被认为是理性使用的。根据复制行为的目的还可以分为非商业目的的复制行为和商业目的的复制行为两种情形。针对非商业目的的复制行为，我国著作权法规定此类行为属于合理使用行为，不侵犯所有者著作权。如根据《著作权法》（2020年修正）第24条第1款第10项的规定："对设置或者陈列在公共场所的艺术作品进行临摹、绘画、摄影、录像"，可以不经著作权人许可，不向其支付报酬。因此，以非营利、非商业为目的对建筑作品从立体到平面的复制属于对建筑作品的合理使用，没有侵犯建筑作品权利人的著作权复制权。商业目的的复制行为，是对建筑物绘画、摄影、录像，再根据建筑学知识，创作出建筑场馆的平面设计图或效果图，依据所绘制出的设计图再修建新的建筑就构成了对原有建筑作品权利者著作权的侵犯。对建设在公共场所的富有艺术价值的建筑场馆进行拍照、录像、绘画，并进行出版或当作广告进行营利，抑或是以三维立体的建筑物为原型打造成平面的拼图产品进行售卖，属于以商业为目的的复制行为，侵犯了建筑作品权利者的著作权。

（4）从立体到立体的复制。这种复制方式主要体现为根据已经建成的建筑物或者制造的建筑模型而制作构成实质性相似的立体作品。通常我们想到的建筑作品从立体到立体的复制就是依据已有的立体建筑实体复制出相似的建筑实体，这种复制实质上也是得先经历从立体到平面的复制，得先依据实体建筑绘制出平面设计图，再依据平面设计图建造实体建筑进行从平面到立体的复制。还有一种行为就是依据实体的建筑物外观设计制作成立体的玩具或者模型进行售卖，也是属于建筑作品从立体到立体的复制侵权。“盛放鸟巢”烟花案[1]就是典型的依据建筑作品外观进行从立体到立体的复制，熊猫烟花公司作为被告，生产了与原告国家体育公司建造的鸟巢国家体育场馆在外观形状上极为相似的烟花。此行为构成了“从立体到立体的复制”，侵害了其建筑作品的著作权。

从上述四种建筑作品复制侵权类型可以看出，除了合理使用范围，从平面到平面、从平面到立体、从立体到平面、从立体到立体的转化在未经建筑作品权利者允许下都可能会造成对建筑作品著作权的侵犯。因此，在没有合理使用合法依据的情况下，未经建筑作品著作权人许可，以剽窃、复制、发行等方式对建筑作品所体现出的艺术美感加以不当使用、损害著作权人合法权益的行为，构成对建筑作品著作权的侵犯。

2.体育场馆著作权保护必要性

对体育场馆著作权进行保护不仅保护了创作者的经济利益与知识产权，也保护了运营方的经济利益与知识产权。体育场馆中的建筑外观设计、场地布局、灯光舞台设计、赛事等都是运营方与创作者创作智慧的结晶，不对体育场馆进行著作权保护，一旦受到他人未经允许复制或者盗用体育场馆的创意与知识产权，体育场馆的运营与发展可能就会受到不利影响。对体育场馆中的著作权进行保护，体现对体育场馆经营与发展中相关事物知识产权的重视，使相关权益得到保障，可以激发体育场馆创意和知识产权的创作积极性，促进场馆的创新发展与更新，提高体育场馆的市场竞争力。此外，体育场馆作为一个公共场所，群众能比较直观地感受到其服务质量与管理水平。对体育场馆著作权进行保护，也体现了体育场馆对服务质量与管理水平的重视，有利于体育场馆在经营与发展中获

1 北京市第一中级人民法院（2009）一中民初字第4476号民事裁定书。

得更多的市场份额与用户认可。在体育场馆运营与发展中加强体育场馆著作权的保护，对于推动体育产业的健康发展具有重要意义。

（二）体育场馆著作权保护案例

我国《著作权法》将建筑作品纳为著作权所保护的客体，《著作权法实施条例》（2013年修订）第4条第9项规定，“建筑作品，是指以建筑物或者构筑物形式表现的有审美意义的作品”。就奥运场馆而言，无论是其独特的外部视觉美感，还是其独特的内部装饰，都是设计师的智慧结晶，具有很强的原创性。如果有关使用者将建筑作品的设计转移到其他产品上，则构成著作权法意义上的复制，例如，将三维复制品变成平面复制品或将平面复制品变成三维复制品，属于侵犯著作权的行为。

《著作权法》（2020年修正）第24条规定了合理使用制度，其中第1款第10项规定，对设置或者陈列在室外公共场所的艺术作品进行临摹、绘画、摄影、录像的行为不属于侵犯著作权人的行为。因此，许多公司以“合理使用”为借口，复制和翻拍奥运场馆的造型。首先，《著作权法》（2020年修正）的这一条款明确将这种“合理使用”限定为“临摹、绘画、摄影、录像”这四种方式，而排除了这四种方法以外的使用。其次，合理使用制度的目的主要是保护公共利益，基于商业目的将建筑作品应用于产品上，与合理使用制度的立法目的完全相悖，不属于合理使用的范畴。

2022年卡塔尔成功举办世界杯，这是世界杯历史上第一次在中东国家举办比赛。为了确保比赛的顺利进行，卡塔尔在比赛场馆领域进行了巨额投资。建设打造的八座比赛场馆都极具设计感，具有很强的视觉美感。其中，本届世界杯最大的场馆卢赛尔体育场以伊斯兰椰枣碗和珐琅灯笼为灵感呈现出极具中东风情的金色碗状器皿造型。海湾体育场的设计灵感来自海湾地区游牧民族使用的传统帐篷，外观看上去就像是支起的大帐篷。阿图玛玛体育场整个建筑外观形似传统穆斯林男士帽子。教育城体育场整体的建筑外观就像一颗钻石，体育场的外立面采用了镶嵌细工的几何立面，照射到阳光时颜色会发生改变，被誉为“沙漠钻石”。这几座比赛体育场馆在整体外观设计上都极具美感，富有特色，极力体现了设计师们设计的独创性。

国内也不乏外观造型上别具一格的体育场馆，有位于上海世博园区，造型似飞碟与贝壳的梅赛德斯-奔驰文化中心；有被誉为“海上王冠”的上海东方中心体育综合馆，其造型优美飘逸，整体环境体现了水的灵动性和动感，酷似王冠，是上海新十年的标志性建筑之一；有被誉为“水晶石”的深圳大运中心的龙岗大运中心体育馆，外观似由多个水晶簇拥围绕而成，又似一朵绽放的花朵；还有形态犹如孕育生命的巢和摇篮的2008年奥运会主体育场馆鸟巢。这些体育场馆建筑外观都非常独特新颖，成为中国地标性的体育建筑。它们都符合建筑作品的定义，在空间造型和外观设计上体现了审美意义的独创性，属于建筑作品著作权保护的客体。如果在没获得权利人授予权利使用情况下，依据这些场馆的外观再进行建设场馆，或是定制模型，抑或是将体育场馆建筑作品的设计转移到其他产品上，那无疑是构成了对原有场馆著作权的侵权。下面就有相关的场馆建筑作品侵权案例，被告人未经权利人允许使用建筑作品，构成了对原有建筑作品所有者的著作权侵犯。

案例1

“盛放鸟巢”烟花著作权纠纷案[1]

原告国家体育场有限责任公司称从2008年12月以来，名为“盛放

1 北京市第一中级人民法院（2009）一中民初字第4476号民事裁定书。

鸟巢”的烟花产品在市场上售卖，认为该产品外形与鸟巢国家体育场馆外形相似，模仿了鸟巢独特的外形艺术外观，是对鸟巢国家体育场馆建筑的著作权侵犯，便将监制“盛放鸟巢”烟花的熊猫集团公司、生产“盛放鸟巢”烟花的浏阳熊猫公司、销售“盛放鸟巢”烟花产品的北京市城关迅达摩托车配件商店起诉至北京市第一中级人民法院。最终依据著作权法一审法院裁决被告熊猫集团公司、被告浏阳熊猫公司停止制造、销售“盛放鸟巢”烟花产品，并向原告国家体育场公司进行经济损失的赔偿。

涉案国家体育场建筑“鸟巢”构成著作权法意义上的作品，应当受到著作权法保护。法院依据《著作权法实施条例》（2002年）第4条第9项的规定，“建筑作品，是指以建筑物或者构筑物形式表现的有审美意义的作品”，认为本案中的“鸟巢”国家体育场属于著作权法中所指的建筑物，应当受到著作权法的保护。本案被告对国家体育场建筑作品的使用行为，不属于《著作权法》（2001年修正）第22条第1款第10项规定的合理使用的情形，被告是在没有合理使用依据的情况下对“鸟巢”国家体育场馆所体现的艺术美感加以了不当使用，违反了《著作权法》（2001年修正）第46条第5项和第6项、第47条第1项的规定，构成对原告著作权的严重侵犯。基于此，人民法院判决，被告停止侵犯、道歉并赔偿损失。一审宣判后，双方当事人表示服从判决。

在本案中原告与被告关于“鸟巢”国家体育场馆是否属于著作权法中的建筑作品及是否应当受到保护的观点各持己见，原告认为“鸟巢”国家体育场馆富含独特的外观设计，具有鲜明的艺术特征，是具有独创性的建筑艺术作品。而“盛放鸟巢”烟花产品所表现出的线条交织围绕的碗状外观形象高度模仿了国家体育场馆“鸟巢”建筑作品、模型作品、图形作品的独特艺术特征，侵犯了原有作者的艺术创作成果，已经严重构成了对建筑作品设计者著作权的侵害。而被告浏阳熊猫公司认为，“盛放鸟巢”烟花是工业产品，不是著作权法意义上的作品，不存在对国家体育场建筑作品、图形作品、模型作品的剽窃或复制，并且认为即便“盛放鸟巢”烟花包装图案模仿了国家体育场，也是对该建筑作品的合理使用——根据《著作权法》（2001年修正）第22条第1款第10项的规定，“对设置或者陈列在室外公共场所的艺术作品进行临摹、绘画、摄影、录像”属于对作品的合理使用，被告行为不构成任何侵权行为。关于“鸟巢”国家体育场馆是否属于著作权法里的保护客体，法院作出的裁决认为，“鸟巢”国家体育场馆属于著作权法里的建筑作品，应当受到法律保护。笔者认同法院的裁决，“鸟巢”国家体育场馆采用的钢桁架交织围绕碗状建筑外观形象，空间结构科学简洁，建筑和结构完整统一，设计新颖，结构独特，具备了《著作权法实施条例》（2002年）所要求的独立于该建筑物实用功能之外的艺术美感，体现出相当水准的独创性。同时，通过2008年奥运会在鸟巢举办，“鸟巢”已成为一个知名度及影响力极高的体育场馆和名词，成为北京地标性建筑，为世界范围内的广大公众所熟知，具有极大的社会影响力。而被告抄袭“鸟巢”的外观设计制造“盛放鸟巢”烟花产品，并在产品名称上使用“鸟巢”二字，存在有意借助鸟巢国家体育场馆的巨大公众社会影响力，误导广大消费者认为该烟花产品与鸟巢国家体育场馆存在相关联系，达到引起消费者关注、促进销售额、提高产量、增加盈利的目的，并不属于法律条例规定中的合理使用范围，损害了著作权人合法权益的行为，构成对建筑作品著作权的侵犯。

一般出现的建筑作品侵权行为是抄袭复制在建筑上，此类将建筑作品复制在烟花作品上的侵权行为较为罕见，这一领域在法律和判例上并不明确。初审法院在理论和实践界向许多专家学者咨询，考察了国内外的理论观点，以及我国著作权法中建筑作品保护的背景和目的。法官裁定，熊猫公司发行的“鸟巢”烟花与国家体育场的建筑作品重复，损害了原告的建筑作品著作权。

从本案的判决可以看出，对建筑作品的著作权保护主要包括对建筑作品中所包含的艺术审美要素的保护，而不考虑其实用功能，任何未经权利人许可而滥用建筑作品中所包含的艺术审美要素的行为都构成对建筑作品版权的侵犯。北京奥运会后，鸟巢在公众意识中似乎是“公共财产”或“公共领域”，意味着任何人都可以自由使用它。但是，所有的作品都受到著作权法的保护，无论它们是个人智力创造的产物还是公共或集体智慧的产物。对于“特殊”的建筑作品，如“鸟巢”，保护著作权尤为重要，它是所有者创造的智慧结晶。本案可能有助于人们重新认识和重视知识产权，对知识产权有一个新的理解，并更加尊重知识产权。

“鸟巢”是北京奥林匹克运动会标志性建筑，其作为闻名中外的体育场馆品牌有着巨大的无形资产开发市场，一直受到民众及资本的广泛关注。上述“盛放鸟巢”烟花著作权纠纷案属于建筑作品从立体到立体的复制。应当注意，在没有合理使用等合法依据的情况下，未经建筑作品著作权人许可，以剽窃、复制、发行等方式对建筑作品所体现出的艺术美感加以不当使用、损害著作权人合法权益的行为，会构成对建筑作品著作权的侵犯。

（三）体育场馆的商标权保护

随着中国经济的不断发展，中国体育事业发展速度也不断加快，许多地方都建造了大型体育场馆以满足中国体育事业发展的需要。同时，随着体育场馆开展经营性活动的不断深入，越来越多的体育场馆遇到了商标权保护的问题，实践中的表现形式或是体育场馆商标被他人抢注，或是体育场馆已合法注册的商标被他人侵权。这些情况说明，对体育场馆的商标权保护和重视程度需要进一步提高。

1.体育场馆商标权保护

大型体育场馆通常有自己独特的设计和特点，形成独特的元素，可以作为商标申请。一般来说，场馆的全称和中英文缩写、场馆的外观、建筑元素、图像和独特的形象或吉祥物可能是商标或商标的组成元素。国家体育场、国家游泳中心等管理机构自成立以来，将商标注册登记放在了重要地位，并仔细考虑和重视商标申请注册要素的选择、商标申请类别的选择，包括申请期限、权益纠纷等各方面要素，这表现出对知识产权、注册商标经营与使用的高度重视。注册商标的使用不仅保证了商标的安全和完整，而且创造和提升了商标的价值；不仅扩大了现有的利益来源，也为未来的业务发展奠定了良好的基础，给未来企业业务扩张创造了充足的空间。[1]

如今与体育场馆相关的商标权保护越来越受到重视，人们对于体育场馆相关知识产权保护的意识显著提高。我国比较著名的几所体育场馆对相关的商标权都及时进行了申请保护，如我国的国家体育场馆鸟巢的责任人国家体育场有限责任公司以其建筑简称申请注册了“鸟巢”文字商标；以“鸟巢”建筑形象申请了鸟巢立体商标；以“国家体育场NATIONAL STADIUM”及风格化的图形申请注册了组合商标；以风格化的图形申请了图形商标。“水立方”国家游泳中心的责任人北京国家游泳中心有限责任公司以英文简称申请注册了“WATER CUBE”商标；以中文简称申请注册了“水立方”商标；以字母数字申请了组合商标；以外观形象特征申请了图形商标；以外形特征及中英文简称申请了组合商标。

1 黄学梅,高祥忠.论建筑作品的外观保护——以铜陵市博物馆为例[J].法制与社会,2020(14):224-225.

随着经济数字化的不断发展，知识产权的保护越来越受到重视。体育场馆中的商标权也是体育产业的无形资产，对于体育场馆中商标权及知识产权的保护和运用得当可以提升体育场馆的核心竞争力，促进体育场馆的经营与发展。在知识产权发展保护下，体育场馆商标申请发展呈现出以下几个特点：

（1）申请的商标服务范围广泛。体育场馆商标一般涉及多个商品和服务类别，包括但不限于体育赛事、体育用品、健身器材、餐饮服务等，因此商标申请人需要针对不同的商品和服务进行分类申请。商标申请人还可以通过注册和应用与其核心业务有关的商标，并在日常经营中使用这些商标，体育场馆可以无形地宣传他们的服务质量和品牌。例如，在北京工人体育场组织演唱会已经成为国内一线歌手用来显示其地位的标志之一。北京工人体育场在相关服务类别领域（演出管理、场地租赁、舞台设计租赁、音响设备租赁等）注册了服务商标。其优质的服务和品牌效应能确保相关业务活动的顺利进行。

（2）注重商标内涵文化特色。随着全球化和多元化的趋势，许多体育场馆商标设计注重文化特色，将其独特性融入商标设计中，增加商标吸引力和辨识度。

就如2022年北京冬奥会的赛区场馆就出现了许多富有中国传统文化内涵的场馆名称，如“雪游龙”“雪飞燕”“雪如意”，这些名称在比赛前期就被北京冬奥会相关工作中心申请了商标保护，它们富含中国传统文化特色。比如在北京冬奥会延庆赛区，小海坨山上的场馆有着充满传统文化魅力的昵称：“雪游龙”“雪飞燕”。国家雪车雪橇中心采用了中华文化图腾“龙”的创意，16个角度、坡度不同的弯道，俯瞰下去正如一条蜿蜒的游龙盘踞在山脊之上，被形象地称为“雪游龙”。国家高山滑雪中心赛道垂直落差900余米、坡面长度约3000米、海拔2198米的山顶出发平台，从远处看，它就像一只振翅欲飞的燕子，被称为“雪飞燕”。“雪”是冬奥会的一个元素，“游龙”与“飞燕”是中国传统文化中的重要形象。国家跳台滑雪中心的场馆从山顶直泻而下，止于山谷，远远看去像一朵美丽的祥云，连接着的跳台剖面呈现“S形”曲线，底部则是一个体育场，外形好似中国的传统吉祥器物“如意”，因此便有了“雪如意”的美名。“雪游龙”“雪飞燕”与“雪如意”生动地描绘了场馆和项目的特点，这些特点是冬奥文化和传统文化相遇后的精彩诠释。[1]

（3）保护意识增强，提前申请意识增强。从2017年动工到如今投入使用，北京冬奥会的场馆建设始终是社会各界广泛关注的话题。除了充满中国文化的创意设计引人注目，场馆的知识产权保护问题也备受关注。通过中国商标网检索查询了解到，各大场馆在赛事服务及相关衍生品类别上均及时进行了较为完善的商标布局。国家速滑馆运营方自2017年3月至2021年7月累计提交了90件与“冰丝带”“ICE RIBBON”相关的商标注册申请；国家雪车雪橇中心、国家高山滑雪中心运营方自2021年3月至2022年2月累计提交了24件“雪游龙”与20件“雪飞燕”相关的商标注册申请；国家跳台滑雪中心运营方自2018年9月至2021年10月累计提交了70余件“雪如意”与“SNOW RUYI”商标注册申请。可以看出冬奥组委会对场馆相关知识产权的重视，其在场馆建立初期就着手准备相关商标权的申报，并在比赛开始前完成所有的商标保护工作，体现了对冬奥体育场馆商标权的重视度。

（4）积极探索新型商标形式。除了传统的商标图案，越来越多的体育场馆开始尝试采用虚拟商标、声音商标等新型商标形式，以适应数字化时代的商业发展需求。虚拟商标通常是以数字、图形、音频、

---

1 程方洁.当冬奥火种遇上中国文物！来看看冬奥中的中国元素![EB/OL].（2021-12-01）[2022-06-22].https://baijiahao.baidu.com/s?id=1717939973989871257&wfr=spider&for=pc.

视频等数字化媒介作为商标的主体，而不是通常意义上的物理品质。在场馆中，虚拟商标通常体现在各种电子屏幕、LED广告牌、投影等展示媒介上，通过数字化媒介向观众呈现商家或赞助商的品牌信息和内容。

2.体育场馆商标权保护的必要性

体育场馆的商标权保护是非常有必要性的，商标属于知识产权的一种，是体育场馆的重要资产之一，代表着体育场馆的独特标识符号。商标由文字、字母、图形、颜色等组合而成，可以很鲜明地让人们认识到体育场馆的品牌形象，也代表了品牌的商业价值。通过一个商标我们可以识别出该商业品牌，同时可以依据商标了解到该商业的品牌形象、商业理念、服务质量等信息。如果不对体育场馆商标权进行保护，体育场馆的商标遭到滥用，可能就会导致体育场馆的形象、名誉受到影响，从而对体育场馆的经营和发展产生消极影响。对体育场馆的商标权进行保护就可以有效防止他人非法使用场馆的商标，从而保护体育场馆的商标利益，有利于体育场馆日后的经营和发展。此外，对体育场馆商标权保护还可以提高体育场馆的商业价值与品牌竞争力，创造更多的商业机会和利润。对商标的保护提高了该体育场馆在市场中的认可度与商业地位，为商业资源合作伙伴提供了法律安全保障，提高了体育场馆在市场上的竞争力，从而吸引到更多的推广与合作资源，创造更多商业价值。因此，对体育场馆商标权进行保护是非常必要的，体育场馆应该重视体育场馆所有商标的知识产权保护，防范侵权行为对自身经营与发展造成损失，在侵权发生时也应及时采取法律措施保护自身商标权益。

（四）体育场馆商标权保护案例

案例2

"水立方SHUILIFANG"商标争议案[1]

在该案中原告周某扬不满被告商标评审委员会作出的商评字〔2009〕第29312号关于第3672081号"水立方SHUILIFANG"商标争议裁定，向北京市第一中级人民法院提出了行政诉讼。"水立方"国家游泳中心作为第29届奥运会的比赛体育馆，作为奥运会的赛事场馆名称自然会受到社会的广泛关注，而周某扬将"水立方"申请为自己商品的商标，易使群众认为其商品与奥运会存在相关联系，容易误导群众，从而产生不良影响，所以认为争议商标构成了《商标法》（2001年修正）第10条第1款第8项规定的情形。所以法院认为被告商标评审委员会作出的商评字〔2009〕第29312号裁定认定事实清楚，适用法律正确，程序确当，判决维持被告商标评审委员会商评字〔2009〕第29312号关于第3672081号"水立方SHUILIFANG"商标争议裁定。周某扬不服北京市第一中级人民法院（2010）一中知行初字第922号一审行政判决，向北京市高级人民法院提出上诉。二审法院判决周某扬认定争议商标使用不会造成不良影响的上诉理由缺乏法律依据，不予接受采纳。二审认为原审判决认定事实清楚，适用法律正确，判决驳回上诉，维持原判。

在本案中，案件的争议点是商标评审委员会将周某扬申请的争议商标予以撤销的裁决是否合法，争议商标"水立方SHUILIFANG"是否构成了《商标法》（2001年修正）第10条第1款第8项所指的具有不良影响的情形。

---

1 北京市第一中级人民法院（2010）一中知行初字第922号行政判决书、北京市高级人民法院（2010）高行终字第1164号行政判决书。

我国《商标法》（2001年修正）第10条第1款第8项规定，“有害于社会主义道德风尚或者有其他不良影响的”标志不得作为商标使用，这一规定被视为“兜底条款”。本案可以说是凸显了《商标法》（2001年修正）第10条第1款第8项作为“兜底条款”的“兜底保护”作用。但是，这一“兜底条款”并不是所有的情况下都可以适用的。那么，该如何理解“兜底条款”的适用范围呢?

“其他不良影响”并非一个有明确的含义与范围的法律概念，《商标法》（2001年修正）及《商标法实施条例》（2002年）都没有明确界定“其他不良影响”的含义范围，在实践中对于“其他不良影响”判定有一定的难度。鉴于现实生活的复杂性，法律不可能将所有违背社会公序良俗的情形逐一列举，《商标法》（2001年修正）第10条第1款第8项中的“有其他不良影响”更像一个“兜底条款”，即如果出现了条例中所列举的情况则依据条例进行判定，而如果出现列举情形之外，但又确实有违主流的道德观念、有损国家和社会公共利益的情形，就可以适用“有其他不良影响”来制止商标的注册，从而避免负面、有害的社会影响产生。司法实践中，判断是否构成“其他不良影响”要考虑多方面因素。在确定是否存在“其他不良影响”时，必须考虑到社会背景、政治背景、历史背景、文化传统、民族风俗、宗教政策等因素，以及商标的构成及其指定使用的商品或服务。在《商标审查及审理标准》（2005年）第10条中列举了“有害于社会主义道德风尚的或者有其他不良影响的”的情形，主要包括：有害于社会主义道德风尚的；具有政治上不良影响的；有害于种族尊严或者感情的；有害于宗教信仰、宗教感情或者民间信仰的；与我国各党派、政府机构、社会团体等单位或者组织的名称、标志相同或者近似的；与我国党政机关的职务或者军队的行政职务和职衔的名称相同的；与各国法定货币的图案、名称或者标记相同或者近似的；容易误导公众的；商标由企业名称构成或包含企业名称，该名称与申请人名义存在实质性差异，容易使公众发生商品或服务来源误认的。

在本案中，提出撤销申请的主体是北京国家游泳中心有限责任公司，虽然其为“水立方”的经营、管理机构，但其提出的主张是该商标易使消费者将其与奥运会相联系，容易误导公众。在案件中第三人“水立方”国家游泳中心也陈述过争议商标的注册会导致对奥运会标志性场馆“水立方”声誉的不良影响。原因首先是“水立方”作为奥运会标志性建筑之一，其影响力从始至今，已为公众所熟知；其次，国家游泳中心是“水立方”名称及该项国有资产的经营者和管理者，他人不能将其用于商标注册；最后，不论周某扬出于何种理由，其都不应该使用“水立方”，其明知“水立方”系奥运会标志性建筑，有极高的知名度，仍将“水立方”用于商标注册，构成故意搭乘知名度便车。因此，商标评审委员会所作裁决正确，法院应当予以维持。

本案中“水立方”虽然不属于《商标法》（2001年修正）第10条第1项至第7项列举的不得作为商标使用的标志，但属于第8项“不良影响”条款的适用范围。因为作为奥运会这一国际体育赛事的标志性建筑之一，“水立方”与奥运会有着特定的联系。类似的标志还有全国性和国际性的影响力较大的体育赛事或体育活动的会徽、吉祥物、宣传语或其他标志物，这类商标具有很强的影响力和很高的商业价值。随意将此类标志注册为商标，会破坏市场的公平竞争，应予以制止。经法院审理查明，争议商标为周某扬于2003年8月13日申请，而在国家游泳中心提交的证明材料中，2003年7月重要的奥运场馆之一“水立方”的设计方案一经公布就得到各种媒体普遍而广泛的宣传报道，很明显周某扬申请争议商标的时间晚于“水立方”国家游泳中心实施方案的确定时间。“水立方”国家游泳中心作为第29届奥运会的比赛体育馆，作为奥运会的赛事场馆名称自然会受到社会的广泛关注，而周某扬将“水立方”申请为自己商品的商标，易使群众认为其商品与奥运会存在相关联系，容易误导群众，从而产生不良影响，所以认为争议商标构成了《商标法》（2001年修正）第10条第8项规定的情形。最终，法院认为被告商标评审委员会作出的商评字〔2009〕第29312号裁定认定事实清楚，适用法律正确，程序确当，判决维持被告商标评审委员会商评字〔2009〕第29312号关于第3672081号“水立方SHUILIFANG”商标争议裁定。

国家游泳中心是2008年北京奥运会的精品场馆和2022年北京冬奥会的经典改造场馆，可以称为中国知名的体育场馆品牌。在此案中，体育场馆商标遭到他人抢注，所以任何责任人在举办赛事前，应及时做好体育场馆本身的商标知识产权的登记注册工作，在知识产权确权上打好基础。同时，更应该有规划地拓展和商标有关的外延产品及其知识产权的保护工作。

（五）体育场馆的专利权保护

随着体育产业的进一步发展和专利保护意识的提高，体育场馆专利权申请日趋重要和多元化，有利于促进体育产业的可持续发展。体育专利权，是指专利主管机关依法授予发明人、设计人或者其他合法申请人对其发明创造所享有的专有权。专利管理机关依照专利法的有关规定授予发明人、设计人或其他合法申请人专利权后，发明人、设计人或其他合法申请人即成为专利权人。受专利法保护的专利权包括发明、实用新型和外观设计三种专利。

1.体育场馆专利权保护

专利是一种法律保护，用于保护发明或创新的独特性和原创性。专利可以保护发明人的权利，使其在法律范围内防止他人在未经授权的情况下使用他们的发明。体育场馆建设和运营中可能涉及的专利包括灯光、座椅、草坪、屋顶、音响系统、电子屏幕、安全设备等。在体育场馆中的专利保护通常是指对在体育场馆应用的技术或装置进行知识产权保护。一些新型的运动场地、比赛用具或球馆设备可能会涉及创新性较强的技术，需要通过专利来加以保护。

2.体育场馆专利权保护必要性

体育场馆中的专利权保护是非常重要的。体育场馆通常包含了许多专利技术，比如说场馆建设中的建筑设计、材料选择、节能环保等方面，或者场馆运营中的安全控制、智能化设备等方面。这些专利技术的保护可以帮助体育场馆提高技术创新能力，推动行业发展，也能够为体育场馆带来经济利益。此外，专利权保护还可以防止其他企业或个人的侵权行为，确保体育场馆的技术和创新成果不被恶意抄袭和盗用，从而保护体育场馆的知识产权和经济利益。因此，体育场馆需要积极寻求专利保护，加强专利管理和维护，以充分保障其在市场竞争中的优势。

（六）体育场馆专利权保护事例与案例

事例1

卡塔尔世界杯场馆中的专利事例

2022年的卡塔尔世界杯呈现了一场场精彩纷呈的足球盛宴，其背后体育场馆的建设也纷繁复杂。中国铁建以总承包身份承建了卢赛尔卡塔尔世界杯主球场，卡塔尔2022年世界杯总部和决赛场地卢赛尔体育场顶部的环桁架像一条巨龙，在完美实现建筑效果和功能要求的同时，兼顾了结构体系自身的坚固、轻盈，极大节省了结构所需空间。这其中，就包含了密集的专利技术。作为世界上最大跨度索网屋面单体建筑，卢赛尔体育场有着世界上最复杂的索膜结构体系。“其鱼尾式交叉索网跨度达到274米，单个最大钢结构高空吊装重达450吨，悬挑距离为76米。项目包含30多个专业大类，45个专项设计，99个电子系统，是世界上专业接口最多、技术最先进的体育场之一，也是全球规模最大、系统最复杂、设计标准最高、技术最先进、国际化程度最高的世界杯主场馆。”中国铁建卢赛尔体育场项目经理刘大伟说。不仅如此，场馆之内，所有LED屏背后的世界杯显示控制系统，来自“中国智造”；赛事灯光、电力供应及通信系统、天然草皮、绿色节能等设施也来自“中国智造”。[1]

在2010年成功申办世界杯后，有关部门便开始研发全新的制冷系统。卡塔尔大学的工程学教授萨乌德博士在该技术的研发中发挥了关键作用。本届世界杯的制冷技术，主要运用太阳能发电来冷却外部空气，并且通过看台上的格栅和球场边的大型喷嘴对冷空气进行再分配。同时，这一制冷系统可以实现隔热和定点制冷。萨乌德博士说：“采用定点制冷技术，是因为我们希望只给需要冷气的地方降温，包括观众看台和球场。”这项制冷技术还有一个很大的优点就是它没有申请专利，某种程度上属于公益项目。因此，卡塔尔乃至其他国家的企业和组织均可以利用它开发自己的产品。[2]

对知识产权专利权及时申请，是对相关权益人知识产权权益与经济利益的保障，但在申请专利保护的同时，需要申请专利保护者耗费大量的时间与一定的经济投入，因为专利申请的过程周期长且需提交的材料要求严格。在这一过程中，需要消耗企业一定的精力与资金。

上述事例中提到的萨乌德博士研发的制冷技术，在卡塔尔世界杯七个场馆中都有应用，不过萨乌德博士对此项制冷技术没有申请专利保护，意味着该项技术不只可以应用于卡塔尔世界杯球场，还可以在其他体育赛事场馆及体育活动中进行运用。对此，该技术的研发人萨乌德博

1 卡塔尔世界杯上的中国元素[EB/OL].(2022-12-14)[2023-06-22].https://news.cctv.com/2022/12/14/ARTIGpzIXtSVJ699PClWg8EZ221214.shtml.

2 卡塔尔世界杯球场降温科技，用创新推动强大传承[EB/OL].(2022-05-24)[2023-06-22].https://roll.sohu.com/a/550113224_104421.

士表示："我们在卡塔尔研发的这项降温技术是一个可供世界其他国家学习的开放范例，我很自豪这项源于本土的技术可以被其他国家和企业采用。"不申请专利的确不妨碍技术的公开与合作。但是从技术公开的角度来看，申请专利能更好地将技术进行公开，然而是否需要收费，以及采用怎样的合作方式，决定权在专利权人。而且，技术研发不仅涉及某一位发明人的成果，还涉及团队的平台、国家的利益等，因此加强对专利的保护也是加强对产品或者技术的保护。发明者的知识产权成果在受保护期间，其他企业不能擅自无偿使用。因此应鼓励发明人申请专利保护，加强知识产权意识。若想要将技术推广合作，可通过专利公开许可等方式，让专利更好地造福人类。

在卡塔尔世界杯八座场馆中，最引人注目的是"974"场馆，它是世界杯历史上首座可以完全拆卸和赛后重复利用的比赛场馆，由五颜六色的集装箱和模块化的钢结构组成。这些可拆卸的模块包括座椅、办公室、摊位、厕所和其他基本的体育场馆设施，并且这些模块都分别用特定的颜色标明区分，将其组建构造的过程就像在拼积木一样。该体育场馆采用的是模块化新型建筑技术，采用了974个集装箱，每个建筑模块都经过了严格的标准化处理。不同于传统的建筑模式，模块式建筑技术可以做到"即插即用"，对完赛的场馆可以进行灵活组装与拆卸，又可以在另一个场地将体育场馆重新构建组装，重新利用。[1]与传统的建筑工艺相比，新型的模块化建筑技术可以减少材料的使用与浪费，降低整体碳排放量，坚持了绿色环保的发展理念，同时能极大缩短场馆建造的时间，极大提高体育场馆建设的效率。在智慧芽全球专利检索数据库检索发现，关于模块化建筑的技术专利有很多，如有"一种模块化建筑建设

---

1 卡塔尔世界杯，藏着哪些设计看点？[EB/OL].(2022-12-12)[2023-06-22].https://yangbo.cctv.com/2022/12/12/ARTIcWUEu2Z2fiDPtOy1Hjfr221212.shtml.

方法”“一种装配式建筑模块”“一种模块化建筑装配系统”“钢结构模块单元”“一种箱式模块化钢结构组合柱铰接框架—支撑结构系统”等专利技术，它们都是在运用模块化建筑技术构建场馆中相关的专利技术，都申请了相关专利技术的保护。

技术与创意相遇，创新与赛事完美结合。使犯规无所遁形的“猎豹”、受到世界各地运动员喜爱的智能床，以及可以即时测量体温的“腋下创可贴”，让整个房间充满了科技感。在这些“黑科技”产品中，专利无处不在。北京冬奥会场馆中就有许多创新和实用新型专利。

事例2

2022北京冬奥会中的专利事例

打造“最快的冰”。“冰丝带”是世界上第一个使用二氧化碳跨临界直冷制冰技术生产冰块的冬奥会速滑场馆，其碳足迹接近零，该系统已进行了实用新型专利申请。目前，工程设计和建设单位已经在制冰系统的集成设计、冰板结构设计两个最关键的设计方案上拥有实用新型专利。为了能满足冬奥会速度滑冰比赛使用要求，可以根据不同冰上项目对冰面的使用需求分区域制冰。在比赛中，短道速滑与花样滑冰场馆安排在一起，二者比赛举行的时间也比较接近，而花样滑冰的“点冰”等技巧需要冰面厚度达5厘米以上，否则冰面易破。短道速滑则要求冰面硬度更高，厚度只需要3.5厘米到4厘米。从适合短道速滑的“最快”冰场到适合花样滑冰的“最美”冰场，要在三小时内完成，而北京冬奥会的这套系统已实现了两小时内的冰场转换，打造了“最快的冰”。[1]

填补造雪空白。作为北京2022年冬奥会的热门项目，滑雪在冬奥

1 王东.“冰丝带”运行团队力争打造“完美的冰”[EB/OL].(2021-04-10)[2023-06-22]. https://sports.cctv.com/2021/04/10/ARTIkqXHnTkkTtF8ZVpK9HA8210410.shtml.

比赛项目的15个分项中，占据了6个。滑雪场的造雪设备范围有限。一台造雪机“站”得更高，就能“喷”得更远，覆盖面积也就更大。此次运用的造雪系统还可以远程360度旋转，帮助造雪机进行“抬头”“低头”和其他操作。目前，张家口市宣化宏达冶金机械有限公司已成功研发出智能高架造雪系统——固定式造雪机旋转支架，已获得多项实用新型专利，填补了国内造雪设备领域的空白。[1]

在冰雪运动中，场地和器械的创新对于运动员的表现起着至关重要的作用。随着技术不断推陈出新，更多的创新和科技应用于体育场馆建设，为参赛选手带来更令人兴奋和惊艳的比赛体验，打造出更加激动人心的赛事和精彩比赛。在新型专利技术上要加强知识产权保护意识，知识产权是企业的核心竞争力，提前做好知识产权布局，织就严密的保护网，企业才可能身披“知识产权铠甲”、手持“知识产权利刃”，在日益激烈的市场竞争中立于不败之地。

案例3

“地标”外观设计专利权纠纷案[2]

原告北京四方公司称自己所创造的作品于2019年获得了国家知识产权局颁发的外观设计专利证书，外观设计专利名称为“地标”。且自2017年起原告前往包头市现场勘察，完成了“地标”的设计方案、外观和效果图，并及时提供给了被告。但后期被告包头中体公司在未与原告达成协商合作的情况下，直接使用了原告作品“地标”的外观设计，进行了实际施工，原告认为被告擅自使用原告作品，侵犯了原告作品的外观设计专利权。经审查，北京四方公司享有的外观设计专

1 科技感拉满！冬奥背后的创新和专利[EB/OL].(2022-02-28)[2023-6-22].http://www.ipwq.cn/ipwqnew/show-4280.html.

2 包头市中级人民法院（2019）内02民初419号民事判决书。

利授权公告日为2019年1月22日，而被诉侵权设计“包头市体育中心精神堡垒”的完成时间为2018年7月25日，早于涉案专利的授权公告日，最终法院认为北京四方公司提供的证据不足以证明被告侵犯其作品著作权与专利权，驳回了北京四方公司的诉讼。一审宣判后，双方当事人表示服从判决。

包头市中级人民法院认为本案的争议焦点是青山区政府和包头中体公司作为本案被告是否适格及是否侵犯了北京四方公司外观设计专利权、著作权。在包头中体公司与世纪座标公司、内蒙古新工公司与包头中体公司签订的相关文件中，规定了相关责任归属问题，所以青山区政府、包头中体公司为本案的适格被告。根据《专利法》（2008年修正）第11条第2款[1]和第40条[2]的规定，外观设计专利权自授权公告之日起生效，在授权公告之日前实施的行为，不属于侵犯专利权的行为，专利权人并不享有请求他人停止实施的权利。经审查，北京四方公司享有的外观设计专利授权公告日为2019年1月22日，而被诉侵权设计“包头市体育中心精神堡垒”的完成时间为2018年7月25日，早于涉案专利的授权公告日，故北京四方公司主张两被告侵犯了其外观设计专利权无事实及法律依据，其该项诉讼请求法院不予支持。在本案中，法院认为作品登记证书可以作为认定著作权人的初步证据，作品登记证书可以有效证明在作品登记之日，登记人已持有作品的样稿并宣传自己系权利人。北京四方公司提供作品登记证书，证明其为著作权人，但在该登记证书中只有名称，并未包含作品的具体内容，

1 《专利法》（2008年修正）第11条第2款规定：外观设计专利权被授予后，任何单位或者个人未经专利权人许可，都不得实施其专利，即不得为生产经营目的制造、许诺销售、销售、进口其外观专利产品。

2 《专利法》（2008年修正）第40条规定：实用新型和外观设计专利申请经初步审查没有发现驳回理由的，由国务院专利行政部门作出授予实用新型专利权或者外观设计专利权的决定，发给相应的专利证书，同时予以登记和公告。实用新型专利权和外观设计专利权自公告之日起生效。

所以无法确认本案争议的作品与北京四方公司主张权利的作品是否一致，故作品登记证书不是确权证书，只是时间证据。最终法院认为北京四方公司提供的证据不足以证明被告侵犯其作品著作权与专利权，驳回了北京四方公司的诉讼。

体育场馆建设期间的外观设计专利保护，是指在场馆建设过程中，对于建筑物的外观设计进行保护。在场馆建设期间，场馆外观的设计、施工、装饰等环节都关系到外观设计专利，它们确保了场馆外观形象的独特性和创新性。这样一来，不仅可以保护场馆的知识产权，也可以增强场馆的市场竞争力和形象价值。在场馆建设期间，对于外观设计的专利保护应该尽早进行，以确保场馆的外观设计得到及时的保护，以避免出现其他厂商以及个人抄袭或侵犯场馆的外观设计专利。在本案中，原告就是没有及时对所属设计作品进行申请保护，所申请保护通过的时间晚于作品施工的时间，导致自己的知识产权权益未能得到保障。而早期提交的作品登记证书，虽然能证明其为著作权人，但在该登记证书中只有名称，并未包含作品的具体内容，所以无法确认本案争议的作品与北京四方公司主张权利的作品是否一致，故作品登记证书不是确权证书，只是时间证据。对于场馆的外观设计专利，需要进行严格的维护和管理，及时发现侵权行为并采取相应的法律手段维护自己的权益。场馆运营期间的外观设计专利保护意识也不能放松，要确保场馆在市场上的知名度和声誉得到保护。注重维护外观形象的整体性，场馆的外观形象需要保持整体的一致性和连贯性，以确保场馆的品牌形象和商业价值得到保护。及时发现侵权行为，对于发现场馆外观设计专利被侵权的行为，需要及时采取法律手段维护自己的权益。

外观设计专利保护是场馆建设与运营期间非常重要的一环。在场馆建设期间，需要尽早申请外观设计专利，以避免其他厂商及个人抄袭或侵犯场馆的外观设计专利。在场馆运营期间，需要加强商标权和版权保护，维护场馆的整体形象，并及时发现和处理侵权行为。加强保护场馆的知识产权，增强场馆的市场竞争力和形象价值，为体育场馆的可持续发展提供保障。

（七）体育场馆冠名权保护的必要性

大型体育场馆冠名权，是指选定的冠名方通过与体育场馆的经营者签订冠名权合同，获得为体育场馆命名的权利。[1]以冠名权为主的无形资产开发收入是大型体育场馆的重要收入渠道，是体育场馆市场化运作的重要手段。[2]

体育场馆冠名权的开发既是体育场馆的收益保障，也使冠名方的品牌效益强化。冠名具有巨大的广告效应，在具有知名度的体育场馆上进行冠名能够迅速产生意想不到的广告效果。体育场馆作为冠名的载体，其长期不变的物质形态很容易形成地标性建筑，冠名方在体育场馆上进行冠名并获得广而告之的影响力是其冠名的目的，也是打造体育场馆品牌的有效途径。

然而，诸多场馆在成功冠名的同时，也出现了不同的声音，部分学者认为并非所有的冠名权都能够产生效益，也可能产生负面的效应。无论争议存在与否，体育场馆冠名权开发项目在过往十年里发展迅猛，逐步成为场馆所有者与运营商获取收益的主要方式之一。但是由于发展势头较为猛烈，法律法规具有滞后性，市场相关配置更新迭代速度不够，我国体育场馆普遍面临资金短缺、运营管理困难、经营效益低下等问题。

1 张海茹.英美大型体育场馆冠名权开发的研究[D].北京:北京体育大学,2010.

2 郭敏刚,王健,陈元欣,等.大型体育赛事场馆无形资产开发特征、存在问题及对策[J].上海体育学院学报,2008(1):35-38.

（八）体育场馆冠名保护事例

针对体育场馆冠名权，国外体育场馆冠名行为已经十分普遍，冠名收益已经成为体育场馆的一项重要收入。我国的体育场地普查表明，成功冠名的体育场馆较为罕见。对此，国内一些学者进行了研究，提出：国内体育场馆冠名的发展起步晚且逐渐兴起，但是还存在冠名周期短、冠名企业本地化严重、未走向国际市场、场馆冠名发展方式简单、开发利用程度较低等问题，此类问题是国内场馆冠名现状的真实写照。

我国体育场馆冠名开发落后与我国市场经济整体发展情况、体育产业发展落后等有着千丝万缕的联系，但是追根溯源，体育场馆冠名权的概念和法理不清，才是制约体育场馆冠名权开发的最主要原因。例如，广州市体育局曾寄希望于通过政策法规来对冠名权发展进行规范与指导，但是受制于上位地方性法规，未能促进体育场馆冠名的发展。《广东省地名管理条例》中明确体育场馆不实行有偿冠名等。我国体育场馆冠名的代表——五棵松体育馆由于冠名费较高成为我国体育场馆冠名发展的代表。五棵松体育馆作为北京奥运场馆中仅有的民营企业所拥有的体育设施，其冠名不受制约。国际体育场馆经理人协会中国区总裁高宏认为，场馆接受冠名，还有很多企业愿意冠名体育场馆，因为体育场馆产权是公共产品，是为了公共事业，不能明确界定体育场馆冠名权产权归属，成为制约体育场馆冠名的最大阻碍。在厘清体育场馆冠名概念与法律属性后，以上关于体育场馆冠名的问题就迎刃而解。[1]

国外相关经验表明，体育场馆的收入来源除了传统的场地物业租赁和承办赛事活动，开发以冠名权为主的无形资产也能给场馆创造不错的经营效益。大型体育场馆除外观设计漂亮之外，更侧重内涵即场馆的内在功

---

1 廖钰珊,蒲毕文.体育场馆冠名权概念及法律属性分析[J].广州体育学院学报,2013,33(5):45-49.

能，其也将直接影响场馆的承载量和盈利水平。由国外知名体育公司AEG联合运营管理的上海梅赛德斯–奔驰文化中心就是一个很好的例子。

事例3

上海梅赛德斯–奔驰文化中心冠名事例

上海梅赛德斯–奔驰文化中心由上海东方明珠新媒体股份有限公司与美国知名体育娱乐公司AEG进行合作，引进先进的经营理念，双方共同管理运营。文化中心拥有五个观众楼层，并且是国内第一个可变座椅容量的大型室内场馆，能够适应不同赛事演出活动的需要，既能举办篮球、冰球等各项体育赛事，又能举行超大型的各类演出活动。文化中心设施设备完善，设计一流，除了高质量的场地设施，还打造了先进的商业设施，包括全数字化的豪华影城、大面积的商业消费区。

上海梅赛德斯–奔驰文化中心着重从以下三个方面持续发展，打造多元化场馆。①在配备了完备的硬件设施和服务设施的基础上，将传统体育场馆打造成多功能场馆，以满足多样化需求。②重视合作伙伴，注重业务拓展，在梅赛德斯–奔驰文化中心的运营中，他们与上海东方明珠公司、NBA等进行合作，使场馆每年能够承接NBA全明星赛等体育赛事、各种文艺演出以及公司活动等。与北京五棵松体育中心更加侧重体育赛事不同，前者承办娱乐活动占比更高，AEG的合作模式多种多样，在各个领域都乐于尝试。③了解当地文化，服务更加精准。AEG作为国外公司，在内地开展业务首先要了解上海的风土人情，做好市场调研及分析，才能为各项业务的精确开展提供保障，将当地传统与国外管理体系相结合，才会适用于上海梅赛德斯–奔驰文化中心的经营管理。

与其他城市相比，上海是一个娱乐氛围比较浓厚的城市。梅赛德斯–奔驰文化中心是国内开发和运营较为成功的体育场馆品牌。其在运营中结合了城市文化，以多元化特征和完善的配套设施，吸引了娱乐活动、文化表演和体育赛事等多种活动加盟，很好地满足了居民消费娱乐的需求，成功树立了体育场馆品牌形象。

美国场馆无形资产市场规模大，对无形资产盈利的深入实践在很大程度上解决了场馆建设、运营与维修的资金问题，为场馆提供有力的财政支撑。冠名权是场馆的重要盈利点，部分场馆在建设前期已完成冠名商招标，为场馆建设提供资金保障，减轻场馆建设的融资负担，如NFL亚特兰大猎鹰队在建的新体育场已于2015年获得梅赛德斯–奔驰长达27年的冠名赞助[1]。场地广告是无形资产中另一重要的创收领域，但需要注意的是，冠名权转让合同中，商业风险对双方而言都是存在的。对于受让方而言，被冠名的客体有可能价值下降导致广告机会减少；对于出让方而言，受让方有可能因经营亏损无力分期支付冠名费用。除了一般的商业风险，还存在着特殊风险，比如合同任何一方或者是被冠名客体突然陷入丑闻，牵连着另一方也陷入尴尬境地。在这种情况下，假如冠名权转让合同中没有设定退出机制，当事人则需要通过诉讼，要求法官赋予合同解除权来保护自己的权益。

事例4

美国能源巨擘安然公司假账丑闻事例

美国能源巨擘安然公司因假账丑闻请求破产保护之后，其所赞助的许多休斯敦的体育和文化设施陷入资金短缺境地。其中安然公司冠名的休斯敦ASTRO棒球俱乐部还产生了难以解决的问题，因为双方没有约定该情况下的解除权。ASTRO棒球俱乐部提出，冠名行为使得公众与媒体认为该俱乐部成为安然公司的附属机构，安然公

1 黄昌瑞,陈元欣,何凤仙,等.美国大型体育场馆的盈利模式及启示[J].体育文化导刊,2017,186(12):126-131.

司的丑闻同样给该俱乐部造成了不可挽回的伤害，应该及时解除合同。然而，安然公司尽管已申请了破产保护，但仍然按期支付冠名费用，并未违约，且希望能出售冠名权获利以更多地挽回破产债权人的损失。为此ASTRO棒球俱乐部向破产法院发出动议，指出根据合同条款安然公司无权转让冠名权，故其仍支付冠名费用属于浪费，为此要求破产法官强迫安然公司立即选择继续履行或拒绝冠名权合同。破产法官同意了这一动议。最后双方达成调解，ASTRO棒球俱乐部支付210万美元换回了冠名权。

类似的冠名权转让纠纷亦可能在我国司法实践中发生，在双方没有约定合同解除权时，法官应充分运用自由裁量权，考虑突发事件对冠名权的影响、合同目的能否实现，然后在此基础上裁断是否解除合同。

冠名合同是双方达成合意、签订冠名合同以达到合同目的的民事法律行为。冠名合同的内容双方必须仔细协商敲定。有关冠名合同的权利义务必须明确以下四个方面：

第一，是否可以进行冠名。在我国，由于大部分体育场馆属于国有资产或者国有控股，因此，冠名合同具有特殊性。签订冠名合同之前必须明确在体育场馆上进行冠名是否被行政主管机关允许或者是否需要行政审批。同时，需要根据实际情况查验进行冠名是否符合国家关于《地名管理实施条例》的规定以及其他相关规定。

第二，冠名的内容必须符合公序良俗的原则和国家的强制性规定，同时不得侵犯他人所拥有的合法权利。在体育场馆上冠名具有巨大的广告效应，多数体育场馆在人们的生活中作为一种地标性建筑承载着社会的价值观，因此，在冠名上必须符合国家有关法律的规定，某种程度上还需要照顾一些习俗。

第三，合同双方必须明确约定合同标的的范围。随着科技的发展，与冠名相关的操作已经扩展至互联网。冠名体育场馆，是单纯地仅在作为建筑本身的体育场馆上冠名，还是可以延伸至与该体育场馆相关的互联网权益上？冠名期限届满后相关权益应当归属谁？是仅仅用于冠名行为还是包含进行除冠名本身以外的其他广告宣传活动？这些都是需要明确约定的合同标的的内容。

第四，在合同中还应当约定合同解除条款和违约责任条款。当发生不能实现合同目的的情况时，如冠主破产清算、冠主名誉恶化、体育场馆被拆迁等，合同下的权利义务如何解除？如何确定违约责任？

虽然目前我国场馆的无形资产开发经营总体状况不是很理想，但部分场馆已经借助自身特殊优势进行了成功尝试。如南京市龙江体育馆冠名权的开发等，为我国场馆无形资产的开发奠定了坚实的基础、积累了丰富的经验。笔者以南京市龙江体育馆冠名权的开发为例进行剖析，以揭示其成功经验与不足。

事例5

南京市龙江体育馆冠名权开发事例

南京市龙江体育馆是南京步步高电器体育馆的前身，作为南京市一座综合性的体育竞赛场馆，它是全民健身、社会活动和文化演出的一个重要场所。中央电视台、江苏电视台、南京电视台对在南京市龙江体育馆举办的活动进行现场直播、录播、转播，观众曾达亿万人次。

南京市龙江体育馆冠名权的开发进行过两次拍卖，第一次由于宣传、拍卖形式以及商家对冠名权缺乏认同等原因未能成功；第二次在总结之前流拍经验的基础上，借助南京即将举办“中华人民共和国第十届全国运动会”的契机，2003年9月5日步步高公司江苏总代理，江苏百胜公司最终以300万元的价格获得南京市龙江体育馆五年的冠名权。2004年1月1日南京市龙江体育馆启用“南京步步高电器体育馆”的新馆名。

南京市龙江体育馆第二次冠名权的成功开发，主要归因于组建了专门的负责小组进行策划、宣传、开发。总结分析第一次流拍原因：①政府过度干预，竞标不够公开，透明度低。②企业对场馆冠名权价值认同度不够。为此提出解决对策：①将冠名权的开发市场化，采取公开竞标的方式，政府负责监督。②加大对冠名权开发的宣传力度。召开发布会把冠名权蕴含的商机与价值向投标者介绍并通过在会场发放调查问卷、会场互动解疑的方法收取“投资商对冠名权开发价值的认同性”信息。③提升宣传广度及深度。在宣传上利用地理位置优越性，抓住大赛以及丰富的社会活动时机，对冠名权做积极宣传。④竞标坚持公开化，运用市场公开拍卖，通过竞标选择冠名商家签订具体合同。

南京市龙江体育馆通过市场化操作将冠名权拍卖给步步高公司的成功之处在于，首先，南京市龙江体育馆第二次拍卖突破了以往政府的行政干预模式，使场馆冠名权开发完全成为一种市场行为，避免了“暗箱”操作。这种公开、公平、公正的行为对拍卖方来说可实现经济效益最大化，对于投资商来说则意味着无穷的商机与价值。其次，繁华的地理位置也是决定场馆冠名权成功与否的重要条件。冠名权的价值在于广告效应，因此地理位置越优越，场馆的受众率就越高，场馆冠名权的开发也越容易。但这次冠名权竞拍还存在不足，如冠名权在价值认定上存在着较大的不确定性。这也是无形资产共有的问题。这种不确定性直接导致企业对竞标价值的不同认定。

目前我国市场已经步入微薄利润时代，企业为确保低风险，对冠名之后自己能得到多少回报会进行反复计算。这也是南京市龙江体育馆冠名权第一次流拍的重要原因。另外，目前我国场馆对于冠名名称的限制不明确，尤其是人们对于早已耳熟能详的公用设施的名称，如果不加选择地改为其他名称，民众可能在心理上难以接受，此举也会降低品牌自身的影响力。笔者认为，有必要对冠名权拍卖的名称进行规范，以杜绝各种不健康、不文明的命名出现。在考虑到各种文化活动、公用设施的公益性、文化品位和历史感，充分尊重市民情感的基础上，将冠名权的拍卖程序、冠名要求和冠名拍卖所得的使用等问题制定相关的规章制度，以更好地规范冠名权拍卖活动。

在如何有效利用赛后场馆的问题上，国内外都有许多成功的案例。我国许多大型场馆被用来承担商业演出，如北京的“鸟巢”、深圳大运会主场馆“春茧”等。商业收入的一部分作为体育场馆的维修管理费用以及日常开销等，另一部分作为场馆管理者的经济收入。[1]另外，为使场馆在赛后获得更高的使用价值，体育场馆品牌之一的“鸟巢”采取了更为直接的变现方式——将其冠名权公开出售，这虽然在一定程度上受到了国内外媒体的质疑，但确实吸引了一些国内外知名企业投标。德国慕尼黑的安联球场的修建主要是为了承办2006年德国世界杯，随着世界杯的结束，其使命也就完成了，但安联球场并没有像其他场馆一样比赛结束后就开始荒废，而是被有效利用，充分发挥出自身余热，被用来当作其他球队的主球场。由于德国盛行足球运动以及足球文化，因此每次比赛时，安联球场都会座无虚席。安联球场不仅完成了世界杯比赛的重任，也充分实现了其赛后重新利用的价值，进而持续地促进了德国经济的增长。

事例6

慕尼黑安联球场冠名事例

慕尼黑安联球场（以下简称安联球场）于2005年由德国最成功的两个俱乐部联合出资建成，拜仁慕尼黑和同城球队慕尼黑1860耗费了35亿欧元。同年，作为球场的主要赞助商及财务合作伙伴，知名金融服务公司安联集团签下了冠名该球场长达30年的合同，每年冠名费用为600万欧元，号称全球第一家由赞助商冠名的球场，且建成之初就

1 王曦.论体育文化对经济发展影响的研究[D].西安:西安体育学院,2014.

承办了2006年德国世界杯开幕式。安联球场在举办赛事时可提供75021个观众席位，数量非常大且种类丰富。[1]由于其独特的设计，人们从外面通过球场外体的颜色就可以判断出场中比赛的球队，十分神奇。安联球场在德国有着很高的地位，宏大华美的外观造型、一流的内部设计，以及精彩的足球赛事，使它成为慕尼黑以至德国足球的象征，可以说安联球场是现代化超级球场的典范[2]。2017年7月12日，慕尼黑1860宣布与安联球场之间的合同解除，从而退出安联球场的运营管理。

安联球场的冠名成功之处在于，一是冠名时间早。早在球场前期建造之时，便确定了冠名权的出售，因此可以将冠名权的商业模式融入设计之初。二是冠名时间长。两者签订冠名时间长达30年，可以最大限度地开发冠名权背后的商业价值。三是场馆举办赛事知名度高，吸引人群流量大。安联球场作为2006年德国世界杯的比赛场地以及知名球队拜仁慕尼黑的主场，在球迷的心中有着举足轻重的地位，这也是安联集团冠名的最大成功之处。

四、我国体育场馆品牌运营知识产权保护建议

（一）知识型体育无形产权保护建议

1.从政府角度出发

中共中央、国务院《知识产权强国建设纲要（2021—2035年）》[3]提

1 王泽宇,李凌睿.浅析体育场馆无形资产的定价问题[J].时代经贸,2018(6):85-86.

2 赵寒.大型体育场馆冠名权开发路径研究[D].北京:首都体育学院,2022.

3 中共中央 国务院印发《知识产权强国建设纲要（2021—2035年）》[EB/OL].(2021-09-22)[2023-06-22]. https://www.gov.cn/zhengce/2021-09/22/content_5638714.htm.

出，引导市场主体发挥专利、商标、版权等多种类型知识产权组合效应，培育一批知识产权竞争力强的世界一流企业。建筑企业应制定知识产权管理制度，将知识产权管理作为企业资产管理的重要组成部分，对知识产权的创造、评估、申请、保护、运用等通过制度进行明确规定。

2.从企业角度出发

（1）企业积极申报，构建企业知识产权防御体系。加强对符合条件的知识产权进行申报，包括企业字号、标识商标、设计图纸、施工工法专利、开发楼盘案名商标等。同时，还应考虑注册防御性商标，将与注册商标相近似的标志申请注册商标，构筑牢固的防护墙。将申报成功的知识产权，纳入企业的无形资产管理范畴。

（2）企业招投标过程中知识产权风险管理。一是在投标策划阶段，充分利用己方掌握的专利（或工法）优势，提高中标概率。二是在招标过程中，要严格审查投标单位的资质，做好供应商实地考察工作，如其提供的是获得专利的技术或产品，应通过国家知识产权局网站进行检索，以确认其拥有该项专利或获得专利权人使用许可，避免使用侵权的技术和产品。

（3）将知识产权保护嵌入企业管理环节。一是在施工技术研发过程中要特别注意对商业秘密的保护，以免不慎泄露技术秘密而被他人利用自己企业的研究成果抢先完成技术研发，抢先申请专利。二是在施工生产过程中，注意对涉及商业秘密的技术信息资料以及生产流程进行保密隔离，与掌握相关技术秘密人员签订相应的禁业竞止协议和保密协议，以防遭受不必要的损失。

（4）利用合同约束隔离风险。一是在经营合同签署过程中，注重知识产权纠纷保护条款的设置，特别是设计合同、买卖合同中知识产权权利瑕疵和纠纷责任的划分与承担，要求供应商在合同中明确进行知识担保，确保所提供的产品不侵犯他人知识产权，若出现知识产权侵权诉讼及行政处罚纠纷风险应由供应商承担。二是因项目建设需要使用他方专利、技术，通过转让、授权许可等方式获取相关知识产权时，应注意审查转让人、许可使用人的权属证明文件，防止转让人或许可使用人非真正的权利人，或者权利已过期，在许可、转让合同中明确转让方责任。

（5）加强知识产权保护，积极维权。若发现其他企业有侵犯己方知识产权的行为，要积极通过法律途径进行维权，一方面保护企业自身权益不受损害；另一方面，也可以通过诉讼宣传企业的品牌形象，提升企业的影响力。

（二）权力型体育无形产权保护建议

1.从政府角度出发

一方面，体育场馆要积极申请承办规模较大的文体活动，如国际比赛、文艺演出等，还需整合多方资源，承办一些企业活动、政府活动等；另一方面，还需充分合理安排场地，适当对外开放，或是让民众参观，或是承办一些公益宣传活动等。事实上，对于场馆的冠名赞助，有别于其他行为，这不是钱货交换的行为，相对而言，该类行为的过程耗时长，关系复杂，对于实质性操作要求也较多。一般地，外国进行该类合作的时候会借助第三方机构协调。原因在于，就运营者而言，怎样去推广场馆，怎样去给场馆定位，怎样去发现市场，怎样做好售前和售后的工作，怎样做好合同流程等，都面临诸多问题，而第三方机构经验丰富，操作起来省时省力，可以大幅提升冠名成功的概率。因此，选用合适的第三方机构处理这个层面的问题，有助于顺利完成冠名活动，也可以提高效率，提高收益，节省各方面的成本，以便于有更多精力做其他事情，满足场馆综合全面的发展需求。

2.从企业角度出发

第一，企业重视冠名权法律合同的签署，为双赢局面奠定法律保护基础。进行冠名赞助之前，负责场馆运营的人员必须做好前期的筹备工作：①核查场馆提供的产品服务以及相关的设置配置与民众所需是不是一致；②核查塑造的场馆形象是不是跟当地形象标准一致，冠名权赞助商有没有长时间经营合作的水平资质；③核查冠名权赞助商能给场馆带来怎样的积极影响，其规划发展对场馆的综合发展有无促进作用等。事实上，与好的公司强强联合，也是优化场馆发展、提升其市场价值的一个重要手段，选择对的公司，成果显而易见。而以上几项重要工作做好了，也方便后续工作的开展，一些细节可做进一步商谈，有助于整合合作的成功开展。对于场馆的冠名问题涉及的合同内容，每一个条款都应当明确并落实，各方需根据合同内容，沿着时间线具体执行，一方面需做好义务行为；另一方面，则充分享有权限。双方保持互助合作伙伴关系，有助于合作的顺利开展。对于场馆的经营人员而言，冠名权的合作，一方面可以节省开支，降低相关花费；另一方面，也可以提高场馆品牌价值，创造更多无形的收益。

第二，企业提升场馆服务质量，维护体育场馆冠名赞助商权益。进行场馆的冠名开发，一个重要的前提就是要有相对完善、优质的配套服务。事实上，能否提供满足需求的服务，并且确保长期运营，也是合作的重中之重。通常情况下，冠名服务从签约的时候算起，持续到合同终止。这个阶段，需给足冠名赞助商权限，满足合同约定的相关要求，并确保其合法权益不受侵害。不管如何，都应做到诚实守信，什么事情都要站在民众的立场看问题，可以通过各种措施降低出现风险的概率，对于场馆的使用和具体的资金筹付也要有所要求。而相关的要求则需在无形的服务中得到执行，对此，负责经营的人员应当全力以赴，一方面狠抓管理质量，确保与冠名方合作顺利，不被外部环境干扰；另一方面，则要整合多方资源，合作配置，充分发挥资源优势，取长补短，互助共进，实现双赢，开创场馆发展新纪元。不过，场馆冠名活动也属于商业合作的一种，因此在价格方面也需多做商讨，比如具体到场馆的人流、活动质量、活动场次、赛事安排等，都是进行价值衡量的重要参考。具体来说，关于场馆活动的数量需明确到场次安排，包括内部、外部活动以及总活动次数等。事实上，也可对体育赛事、境外赛事以及相关赛事作出明确的规定，而具体规定可以场馆过去的数据为依据，并编写具体的商业计划书，方便后续的工作开展。而在活动的质量相关问题上，则要对转播机会、媒体直播等进行细化；还要对媒体报道数、活动热度、活动上座率等进行规定，可以相关票务数据，也可以大数据搜集的信息为依据；并根据非活动的客流量、客户质量、场地出租率等进行商讨，最终形成双方议价的基石。

第六章

体育明星品牌运营中的知识产权

近年来，5G、云技术等数字媒体技术在体育赛事中的全面融入，不仅提升了赛事的曝光量，也为我国新一代体育明星的频频“出圈”奠定了科技基础。以北京冬奥会“出圈”的体育明星为例：不仅有新晋“顶流偶像”谷爱凌，还有冬奥吉祥物——“冰墩墩”“雪容融”。当体育明星的个人商业价值不断提升，背后的不法分子也在蠢蠢欲动。在体育明星的商业价值飞跃式增长的同时，接踵而来的是个人知识产权的运营与保护问题，如未经本人许可使用体育明星肖像的商业行为等。故此，本章以体育明星品牌为研究对象，对其概念、特征、处境等结合案例、事例情况进行阐述与分析。

一、 体育明星品牌概念界定

（一）体育明星

“明星”作为“体育明星”的上位概念，是我们在谈论“体育明星”概念时，不得不提到的。何为“明星”？在汉语中，明星最早是指天上明亮的星，比如，宋代理学家朱熹提过：“明星，启明之星，先日而出者也。”句中所提到的明星，就是指金星，以后人们也用明星来指称一些有名望、有成就的人。《汉语大词典》对明星的解释是“有名的演员、运动员等”。[1]随着信息时代的兴起，明星的含义开始更加丰富，包括了影视明星、文体明星，某一个领域的关键意见领袖，甚至是虚拟明星等。同时，虚拟现实技术快速发展，人工智能技术也为虚拟明星互动提供了技术基础，虚拟明星作为一种负面影响较少的明星符号，在新技术不断出现和完善的过程中，越来越智能化，形象也更加多样化。[2]王腾飞对于明星的定义进行扩展，提出“虚拟明星”，他认为“虚拟明星”有别于传统的动画明星和真人明星。“虚拟明星”是指那些通过计算机或者动画制作的虚构形象，借助特定算法具备一定的智能属性，并且在三维立体空间或者借助某种设备，能够交互进行表演等的虚拟形象，最终和真人明星一样，被广大观众接受、喜爱，并成为观众心目中的偶像。按照不同的分类标准，虚拟偶像可以划分为多种类型。例如，

---

1 蔡骐.大众传播中的明星崇拜和粉丝效应[J].湖南师范大学社会科学学报,2011,40(1):131-134.

2 王腾飞.虚拟明星:人工智能与虚拟技术的融合[J].电影文学,2019(6):36-40.

按照生成技术可以分为完全虚拟人格的数字合成偶像、真人动作捕捉合成的虚拟偶像以及明星的虚拟化形象等；按照行业领域可以分为虚拟歌手、虚拟主播、虚拟偶像等；按照设计风格可以分为二次元虚拟偶像和高仿真虚拟偶像等。[1]

在学术界中，“体育明星”较为公认的概念是：体育明星是指在体育领域成就卓越、表现突出、社会形象良好、为公众所瞩目的杰出体育界人士，主要是指运动员和教练员。[2]在提到体育明星时，我们第一时间所想到的人物样貌不一定突出，但是他（她）的运动成绩一定拔尖。原因在于体育赛事是运动员“出圈”最为传统的方式之一，而体育成绩则是运动员实现“破圈”的重要途径。但随着媒体时代的发展，“体育明星”的产生开始不仅依靠赛事成绩这一赛道，如傅园慧凭借“洪荒之力”的表情包“出圈”。就这一经典事例来说，体育明星也以展示其个人特色的方式来获得关注点。北京冬奥会期间，在“体育明星”行列，“冰墩墩”也出乎意料地凭一己之力超越了羽生结弦、樊振东、孙颖莎等明星运动员的热度。2022年2月4日北京冬奥会开幕式当晚，“冰墩墩”的话题在微博超话排行榜冲到第六，后续几日持续稳坐前三。[3]笔者认为，如今的体育明星，其概念范围更广。因此，笔者提出，如今的体育明星是指体育领域中成就突出，体育形象深入人心，具备一定社会影响力以及商业价值，为国家以及社会所认可和接受的体育界人物（含虚拟人物和吉祥物）。

1 虚拟偶像背后的著作权[EB/OL].(2022-09-23)[2023-06-22].https://www.zhonglun.com/Content/2022/09-23/1328126378.html.

2 王加新.体育明星价值的社会学审视[J].体育文化导刊,2006(7):53-55.

3 蔡骐.大众传播中的明星崇拜和粉丝效应[J].湖南师范大学社会科学学报,2011,40(1):131-134.

（二）体育明星品牌

随着品牌概念的延伸，品牌被广泛应用至各行各业。19世纪末20世纪初，资本主义从自由竞争阶段发展到垄断阶段后，品牌成为一种竞争手段，其背后附加了更为丰富的内涵。品牌专家约翰·菲利普·琼斯将品牌定义为一种附加值，即通过发挥品牌的附加效应，使消费者认可产品价值并愿意购买。[1]在体育营销领域，体育明星品牌常被作为研究热点，实际应用中，体育明星品牌不仅是广告和产品的代言工具，更是一种文化产品。在我国学界体育明星品牌的相关研究文献并不多，主要集中在体育明星代言上。但随着市场的发展，体育明星身上所具有的商业潜力被发掘，体育明星品牌（个人）开始走向市场，并取得一定意义上的成功，“体育明星+市场”所碰撞产生的火花推动着体育明星品牌的成立与发展。周爱忠认为体育明星的品牌构成包含以下几个部分：运动场上的表现是体育明星品牌的灵魂（核心产品），体育明星的影响力和感召力构成体育明星产品的卖点，体育明星的性格构成体育明星的品牌个性。[2]体育明星品牌由体育明星个人角色和公众人物两个方面共同塑造，作为运动员，体育明星品牌的灵魂（核心产品）无疑是他们在运动场上的表现，但无论赛场内外，体育明星的一举一动都备受关注。同时，体育明星自身的性格构成了体育明星的品牌个性，从振奋人心的赛场上产生的影响力和感召力，构成了体育明星品牌的主要卖点。本书所研究的体育明星品牌是指以体育明星作为载体，满足一般品牌的特征，同时给消费者带来主观感受的一种特殊的具有经济价值的无形资产。

---

1 John Philip Jones.广告与品牌策划[M].孙连勇,李树荣译.北京:机械工业出版社,1999:5.

2 周爱忠.体育明星品牌探析[J].南京体育学院学报,2007(4):48-50.

二、体育明星品牌综述

（一）体育明星品牌特征

林恩·阿普绍在《塑造品牌特征：市场竞争中通向成功的策略》中提到，品牌特征是品牌定位与品牌战略个性的集合体[1]，品牌特征是印象的累积。体育明星品牌的本质是依赖于体育明星个人价值，而体育明星个人价值的实现更多依托于赛事与成绩。因此，体育明星品牌区别于其他品牌的重要特征在于：①赛事表现与运动能力。体育本身的特点决定了赛事成绩是运动员“出圈”最主要的方式，诸如姚明效力休斯敦火箭队9年，场均19分9个篮板，退役后成功入选篮球名人堂；“中国田径史上第一位集奥运会、室内室外世锦赛、国际田联大奖赛总决赛冠军和世界纪录保持者于一身的运动员”刘翔；“亚洲第一位网球大满贯女子单打冠军”李娜等几位体育巨星，他们能实现社会“破圈”的公众影响力，是因为都有一个共同的特点——难以超越的成绩。②体育明星特有的品质与个性。运动员在赛场中所展现的体育精神可以代表品牌的特定内涵，而赛场外的影响力以及社会形象可以加强品牌价值的延续性。以姚明为例，尽管时代向前发展，如今姚明个人运动水平远不如前，但是个人商业价值仍是不可估量的。而这一切与他注重个人形象的打造离不开关系。姚明不只在赛事中展示了坚韧的体育精神，还在赛场外建立“姚基金”等公益基金，并坚持参与公益行动。大部分体育明星品牌是围绕真实人物的个性与成就所建立的，体育明星品牌的优势在于能够利用运动员的个人故事和经历。③赛事所引领的价值共识。在大型国际赛事中，群众的情感共鸣与价值共识更易形成。以奥运会为例，本国运动

1 Lynn B.Upshaw.塑造品牌特征:市场竞争中通向成功的策略[M].戴贤远,译.北京:清华大学出版社,1999.

员取得奖牌后，群众所产生的民族自豪感与身份认同感会一致提升，从而对该品牌产生好感。“李宁”品牌成立后，凭借李宁个人传奇运动生涯的信任背书，创立便有了原始流量。相较于其他类型的品牌，体育明星品牌因体育本身的特点，在认可度、真实性与影响力上具有天然的优势。总的来说，体育明星品牌与其他品牌有许多相同的特征，但也有一些与众不同的优势。通过利用与其运动员相关的真实性、热情、表现、认可和品牌忠诚度，体育明星品牌能够与粉丝建立更深层次的联系并产生持久的影响。

（二）体育明星品牌运营模式

体育明星身上所潜藏的商业价值，在赛事商业化过程中吸引了部分资本进入，含品牌方通过签约代言人、产品联名等形式，其中创立体育明星品牌是延续个人IP生命力、实现更大商业价值的一种方式。以NBA球星迈克尔·乔丹为例，福布斯数据显示，乔丹运动职业生涯的总收入为9000万美元，而他通过商业合作获得的收入高达约18亿美元（这里的收入指税前收入，包含品牌授权、代言等多种商业合作形式）。[1]我国因体育商业化发展相较于其他发达国家起步晚，以及运动员培养模式的差异等，在体育明星品牌的培养与运营模式上也与其他发达国家存在较大差异。本书将整合胡晓霞、杨松对于体育明星品牌运营模式的分类，从体育明星的商业运作模式出发，对我国现有体育明星品牌运营模式进行阐述。

第一，个人品牌+团队运营。我国最初采用此类商业运作模式的运动员是姚明。姚明曾六年高居福布斯中国名人收入榜的榜首，而这背后离不开“姚之队”的运作。姚明一直效力于中国篮球协会，加盟NBA后，

1 不止代言！这17家体育巨星创办的个人品牌都风生水起[EB/OL].(2022-02-20)[2023-06-18].https://luxe.co/post/198733.

其个人商业价值暴增，“姚之队”利用“品牌评估”等方式为姚明量身定制商业战略，为姚明在赛场外的商业活动负责，推动了“姚明”品牌效应的提升。此类运营模式非常适用于职业化、市场化程度较高的足球与篮球领域，但在我国运动员培养体系的背景下，需与国家队或与其效力的单位谈好合作模式。如今，朱婷等多位体育明星便是效仿此模式，效力国家队的同时签约专业体育经纪团队。

第二，个人品牌+组织运作。举国体制下所出现的“刘翔”模式，则是典型的“个人品牌+组织运作”。商业活动由中国体育行业协会全权负责，原因是其费用来源于国家财政，运动员的商业开发纳入中国体育行业协会管理的范畴。刘翔的商业活动由国家田径管理中心负责，相较于市场上的专业体育经纪团队，刘翔个人品牌是国家行政机构在运动员商业化中的一次重要尝试。2004年夺得雅典奥运会冠军后，刘翔的商业价值成为中国体育营销领域的经典话题。鼎盛时期，他拥有17个品牌代言，且大部分是一线品牌。2007年刘翔的商业价值达到顶峰，签约14个品牌，广告收入达到11.63亿元。[1]

第三，个人品牌+自主运营。市场自主开发下，出现了谷爱凌、丁俊晖等体育明星。不同于举国体制下的运动员，此类运营模式的体育明星均是由家庭从小培养。以谷爱凌为例，谷爱凌的商业成功在一定程度上是依靠了美国IMG这样的国际专业体育经纪公司。自主运营下的体育明星品牌更具有张力和职业性，对于运动员个人的商业价值释放也更广泛。因为专业的体育经纪公司在商业资源、体育明星品牌形象打造的经验上更具优势。

---

1 郭苏芝.论奥运明星个人品牌营销的商业价值[J].商场现代化,2013(22):86-87.

三、体育明星品牌运营保护的侵权问题

（一）体育明星品牌运营中肖像权的保护现状及主要问题

《民法典》第1019条规定，任何组织或者个人不得以丑化、污损，或者利用信息技术手段伪造等方式侵害他人的肖像权。未经肖像权人同意，不得制作、使用、公开肖像权人的肖像，但是法律另有规定的除外。未经肖像权人同意，肖像作品权利人不得以发表、复制、发行、出租、展览等方式使用或者公开肖像权人的肖像。该法除明确规定了公民个人享有肖像权，从而排除他人非经公民本人同意而非法使用公民肖像外，还明确了侵犯公民肖像权的构成要件。肖像权属于公民个人享有，而本国籍的运动员也是公民。因此，肖像权属于运动员个人所有，这本毫无疑问，但由于我国体育运动员的特殊性，其肖像权的归属问题还是引起了争议。

1.我国运动员所属肖像权

为什么普通人和体育运动员之间存在区别呢？尽管运动员只是一种职业身份，国家体育总局一般在工作和业务方面才有权管理运动员，但是，举国体制下，国家在培养运动员的过程中投入了大量的人力、物力和财力。可以说，每个运动员的成就中，国家的培养占了很大的比重。运动员的身份不仅代表他们个人，也代表着国家，尤其是当他们出国比赛的时候。像姚明这样的运动员，虽然个人的拼搏努力和天赋很重要，但是国家的培养以及给予他们的各种机会和条件都为他们的成功做好了铺垫。如果运动员只追求个人利益而忽略国家利益，这是不被认可的。

保护体育运动员肖像权需要考虑到时代和社会背景，否则仅停留在口头上是无法实现的。因此，体育运动员在维权时，必须优先考虑国家和集体利益，同时国家也应该更好地维护运动员的个人合法权益。在中

国国情下，国家体育总局可以在征得运动员同意后使用其肖像权等个人人身权利。但是，事实上仍然可以找到一些体育运动员肖像权被侵犯的案例。例如，2002年中国女排队员李颖的肖像未经授权被用于商业广告。2012年中国足球运动员王永珀的肖像同样被未经授权的公司使用。运动员在这种情况下需要向法院寻求保护，并维护他们的合法权益。同时，国家体育总局也应加强对体育运动员肖像权的保护，确保运动员的权利得到应有的尊重。

案例1

姚明与可口可乐公司案

2004年年初，可口可乐公司作为中国男子篮球队的赞助商，将三名国家队队员的形象放在饮料瓶上，其中姚明占据了明显的位置。但是，姚明是百事可乐的形象代言人，可口可乐公司并没有获得他的肖像使用权。因此，姚明认为可口可乐公司侵犯了他的肖像权，并于5月23日委托律师向上海市徐汇区法院提起诉讼。他要求可口可乐公司在产品包装上停止使用他的肖像和姓名，公开承认侵权行为，并在全国范围内向他道歉，消除影响。此外，姚明要求可口可乐公司赔偿他的精神损失和经济损失，赔偿金额为人民币1元。可口可乐公司辩称，根据该公司和中国篮球协会及其商务代理机构中体经纪管理公司所签订的合同，可口可乐公司“有权使用中国男篮三人及三人以上的整体肖像”。后来，双方达成了和解，姚明撤销了诉讼。[1]

在本案中存在部分争议，如可口可乐公司就以国家体育总局的有

---

1 段荣芳,徐超.体育运动员肖像权保护的法律分析——从个案引申出来的法律问题谈起[EB/OL].(2005-10-12)[2023-06-22].https://www.chinacourt.org/article/detail/2005/10/id/181721.shtml.

关规定为由，提出根据他们和中国篮球协会的协议，他们有权使用至少中国队三名成员在一起的照片。因为当中国队队员一起穿着国家队球衣时，他们代表的并不是他们自己，而是中国队。而中国篮球协会依何拥有运动员的肖像权呢？

本案的依据是国家体育运动委员会发布的1996年第505号文件，文件指出“国家级运动员的肖像权等无形资产都属于国家所有”，其中包括姓名权、肖像权。于是，中国的运动队，无论是篮球队、跳水队、乒乓球队还是游泳队，都默认运动员的肖像权属于集体所有。中国篮球管理中心也有对运动员形象权的规定，中体经纪管理公司拥有国家队的集体形象权。根据这些文件，该公司三年前担任中国男篮代理，与可口可乐公司签订合同，授予其产品“中国男篮独家饮料称号”的独家使用权，并拥有中国男篮的全部形象权。

问题是国家体育运动委员会和中国篮球协会的规定是否合理，运动员的肖像权是属于国家还是属于个人。如果运动员的肖像权属于国家，这是否意味着他们作为公民的基本个人权利被剥夺了？这会有利于公民权利的保护吗？

如果认为国家体育总局单方面将运动员的肖像权和其他无形资产纳入国有资产，那么这种规定就超出了法律赋予国家体育总局体育行政部门的权限范围，侵犯了运动员作为民事主体的合法利益。法律明确规定，肖像权是公民作为民事主体享有的民事权利，是与生俱来、不可剥夺的。行政文书不能作为剥夺个人依法享有的公民权利的依据，除非当事人同意授权他人行使。否则，就违背了民法中的平等、自愿、公平原则。

在中国的国情和制度下，法律与现实的冲突经常发生。在我们的社会中，有一种强调集体重要性高于个人的传统，为集体作出个人牺牲被认为是一种美德。因此，姚明感谢包括可口可乐公司在内的所有赞助中国男篮的公司。但是，美德不应成为违反法律的借口。肖像权属于个人。2006年，国家体育总局发布《关于对国家队运动员商业活动试行合同管理的通知》，废止《关于加强在役运动员从事广告等经营活动管理的通知》（体计财产字〔1996〕505号）。通知明确指出，“运动员商业活动中价值的核心是无形资产，包括运动员的姓名、肖像、名誉、荣誉等。随着我国体育社会化程度的不断提高，体育投资主体多元化、利益多元化的趋势日益明显，但在我国现阶段，发展竞技体育是国家的重要任务，国家投入仍然是竞技体育发展的主要渠道和主要保障。对多数运动项目而言，运动员的无形资产的形成，是国家、集体大力投入、培养和保障的结果，同时也离不开运动员个人的努力。”[1]

案例2

姚明与武汉云鹤公司案[2]

武汉云鹤公司在未经姚明同意的情况下，将其姓名和肖像用于生产和销售“姚明一代”的产品及其宣传，姚明认为其上述行为侵犯了姚明的人格权，亦构成不正当竞争，遂请求法院判令武汉云鹤公司立即停止侵权，赔偿经济损失1000万元，并在《中国工商报》等媒体上刊载声明赔礼道歉、消除影响。湖北省武汉市中级人民法院一审认为，姚明因其自身的努力，凭借其在男子职业篮球领域取得的成就及其良好的社会形象，在广大消费者中的影响力而产生的相关权益受法律保护。武汉云鹤公司在商品销售的宣传过程中，多次使用姚明的肖像及姓名，将其生产和销售的运动型产品与姚明相联系，既侵害了姚明的姓名权及肖像权，也构成了不正当竞争，判决其立即停止侵权行为、赔礼道歉并消除影响，因姚明提交的证

1 国家体育总局.关于对国家队运动员商业活动试行合同管理的通知[EB/OL].(2016-12-02)[2023-06-22].https://www.sport.gov.cn/n315/n331/n403/n1962/c778636/content.html.

2 湖北省武汉市中级人民法院（2011）武民商初字第66号民事判决书、湖北省高级人民法院（2012）鄂民三终字第137号民事判决书。

据不足以证实武汉云鹤公司的侵权行为给其造成1000万元的经济损失，综合侵权事实及姚明的维权支出情况，酌定赔偿经济损失30万元。一审判决后，姚明以判决赔偿数额过低为由提起上诉。湖北省高级人民法院二审认为，受反不正当竞争法保护的自然人姓名，不同于一般意义上的人身权，是区别不同市场主体的商业标识。未经权利人授权或许可，任何企业或个人不得擅自将他人姓名、肖像、签名及其相关标识进行商业性使用。武汉云鹤公司侵权故意明显，原审在酌定赔偿经济损失时并未充分考虑武汉云鹤公司侵权行为的性质、后果、持续时间等因素，以及2010年3月姚明本人通过新浪网发布正式声明之后，武汉云鹤公司继续侵权并放任侵权的主观过错程度。为此，综合以上因素考虑，在被侵权人因被侵权所受损失或侵权人因侵权所得利益难以确定的情况下，依照《反不正当竞争法》（1993年）第20条、《最高人民法院关于审理不正当竞争民事案件应用法律若干问题的解释》第17条的相应规定，判决由武汉云鹤公司赔偿姚明包括维权合理费用在内的经济损失共计100万元。[1]

湖北省高级人民法院提出本案的裁判要旨：《最高人民法院关于审理不正当竞争民事案件应用法律若干问题的解释》第6条第2款规定，“在商品经营中使用的自然人的姓名，应当认定为《反不正当竞争法》第5条第3项规定的‘姓名’”。受《反不正当竞争法》保护的自然人姓名，不同于一般意义上的人身权，是区别不同市场主体的商业标识。此案是一起人格权和不正当竞争纠纷案，由于姚明的知名度和影响力，该案受到媒体和公众的广泛关注。该案不仅公正地解决了当事人之间的权益纠纷，而且在涉及人格权与不正当竞争竞合情形下选择适用《反不正

1 2012年中国法院知识产权司法保护十大案件简介[EB/OL].(2013-04-24)[2023-06-22]. http://www1.hshfy.sh.cn/shfy/web/xxnr.jsp?pa=aaWQ9MjY2OTA0JnhoPTEmbG1kbT1sbTQ0OQPdcssPdcssz.

当竞争法》，为今后此类案件的诉讼提供了一个典型范例。

案例3

苏炳添与移领公司网络侵权责任纠纷案[1]

在2021年东京奥运会上，苏炳添再次刷新个人在100米比赛中的成绩，同时刷新亚洲范围内该项赛事的成绩。移领公司于2021年8月2日在其公众号上发表题为《亚洲第一，苏炳添yyds》的文章。该文章擅自使用多张原告苏炳添的肖像图片，并在文章显著位置植入"移动收单宝"广告海报及微信公众号二维码商业信息。法院最终根据《民法典》第1018条第1款"自然人享有肖像权，有权依法制作、使用、公开或者许可他人使用自己的肖像"、第1019条第1款"未经肖像权人同意，肖像作品权利人不得以发表、复制、发行、出租、展览等方式使用或者公开肖像权人的肖像"。判定移领科技公司未经苏炳添同意在其经营的微信公众号使用苏炳添的肖像照片，且该行为并不属于法律规定的合理使用情形，已构成利用网络侵害苏炳添的肖像权行为。一审宣判后，双方当事人表示服从判决。

当前顶级体育运动员成为被侵权重灾区，原因是当运动员在世界重大赛事获得突破性成绩时，会具备很强的社会话题性，从而引发市场热度。尤其是苏炳添顶住年龄与外界的压力，打破极限一举跑到9秒83，再次被称为"亚洲飞人"。各大品牌方自然嗅到苏炳添身上的流量，以及他所具备的商业价值的吸金程度，于是想方设法蹭热度，不惜铤而走险打着法律"擦边球"，甚至违法侵权。

2.国外运动员所属肖像权

我们再来看看国外的案例对于肖像权的侵犯是否有所不同。首先我

1 广州互联网法院（2022）粤0192民初2251号民事判决书。

们得先了解国外对于肖像权的定义，他们一般称为形象权。根据世界知识产权组织的定义，Right of Publicity作为角色商品化权的一种具体类型，是指与真实人物（主要是艺人、明星等知名人士）身份相关联的姓名、肖像、外形、声音等可以产生商业化利益的元素。[1]而在我国法律并未明确将真实人物的“形象权”规定为一项类似于著作权的民事权利，只是在《民法典》第110条第1款规定“自然人享有生命权、身体权、健康权、姓名权、肖像权、名誉权、荣誉权、隐私权、婚姻自主权等权利”。在目前的实践中，某些商标案件会提及商品化权，但还是有很多声音不支持商品化权的广泛使用。而所谓的姓名权、肖像权和商品化权其实都是可以算作对形象权的细化。

威廉·普雷瑟教授的普雷瑟隐私侵权四分法列明了四种侵犯隐私权的类型：①未经授权商业性使用他人的名字、照片或者画像；②侵扰他人的事务或隐私；③发布他人的虚假信息；④公开（披露）他人的私人信息，引发公众的反对。[2]现在美国大多数州认为第一类行为是侵犯他人形象权。形象权赋予一个人排他地控制和开发利用自己姓名、画像和人格的商业价值的权利。在主张形象权受到侵犯的案件中，原告必须证明其姓名或身份被挪用是为了某种利益，通常是指商业性质的利益。

那么体育明星的形象权，又与普通人的形象权有什么不同呢？或者说为什么这一类事件更容易发生在体育明星身上呢？形象权是指限制他人对本人身份形象进行商业性使用的权利。通常我们认为政治家、娱乐明星、体育明星等具有一定社会影响力的人才会有形象权。因其在社会长期树立的良好形象，会使得他人想要对其形象进行商业性使用来谋取

1 WIPO.Character Merchandising[EB/OL].[2023-06-22].https://www.wipo.int/export/sites/www/copyright/en/docs/wo_inf_108.pdf.

2 张民安,宋志斌.隐私权的比较研究——法国、德国、美国及其他国家的隐私权[M].广州:中山大学出版社,2013:11.

利益，而普通人的形象本身并不具有过高的商业价值，因此并不是形象权的主体。这里需要说明的是，目前在美国，一个人的名字代表人的身份，并没有任何商业目的，也不是通过商业使用而“存活”，个人的名字与商标不同，具有生命和意义，与商业领域完全不同。具有商业目的的使用或不使用该名称并不能消除其重要性。个人决定使用姓氏以外的其他名称，是个人对于宗教信仰、婚姻或其他因素考虑的结果，并不意味着拒绝了其出生姓名，或与该姓名相关联的身份。

在体育圈，取得了不错成绩的体育运动员已经是场内外的名人，他们不但参与赛事争取好成绩，还会参加一些娱乐节目增加曝光量，跟随团队或个人代言商品等。而体育迷不仅去看自己喜欢的运动员的赛事，也会关注他们其他的活动，包括他们的Twitter（推特）等公众社交平台会有很多的粉丝关注。现在有很多体育明星的新闻，我们会看到各种形式的媒体宣传，几乎每周7天、每天24小时都可以看到。粉丝们不仅关注这些运动员的赛事成绩，还关注他们的“八卦”新闻和私生活。越来越多的人认可了体育明星的“明星力量”和商业价值，并且纷纷将其转化。例如，1985年，迈克尔·乔丹与耐克签署的第一份赞助合同价值250万美元。他从赞助交易中挣取的金钱比他从NBA中挣取的还要多。早在进入NBA打球之前，勒布朗·詹姆斯就已经与Upper Deck公司，签署了一份价值500万美元的5年期的赞助协议，促销该公司的球员卡。他还与耐克签订了一份价值超过9000万美元的7年期的运动鞋代言交易。2015年，NBA巨星凯文·杜兰特从赞助协议获得的收入是3500万美元，网球明星塞雷娜·威廉姆斯获得的收入是1300万美元。2016年6月，作为NBA选秀状元的本·西蒙斯在参加选秀之前就与耐克签订了2000万美元的赞助合同。[1]

---

1 Matthew J. Mitten.美国对运动员隐私权、名誉权与形象权的法律保护[J].郭树理译.体育科研,2022,43(6):54-63.

对体育明星的形象以及形象权利的持续管理和保护已经变得如此重要，以至明星、体育代理人和商业权利持有人正在转向法律寻求保护机制，以保护对体育明星形象和形象权利的合法利用。在某些情况下，体育明星的形象可能被识别和保护。许多体育明星和名人从管理商标的成文法中寻求保护。一些知名人士已经将他们的名字、首字母、签名、图像和口号登记为商业商标。例如，许多NBA球星已经将他们的名字注册为商标。知名的英国足球运动员埃里克·坎通纳不仅将球衣“Cantona 7”作为商标，还注册了他的标志性口号“Oh，ah，Cantona”。在巨大的商业价值背后，运动员慢慢意识到其公众形象会影响他们被认可的价值，为了使自己的商业价值不受影响，他们更多地开始保护自己的公众形象。任何运动员都不想产生不良新闻以及被拍到有损形象的图片，因此，许多运动员提起诉讼以保护自己的宣传权并防止他人从自己的名字、肖像、形象中获利。在美国，普通法的隐私权、法定公开权、联邦和州商标法、不正当竞争法，以及诽谤法等都可以提供法律保护。美国法院一向赞成将形象权扩大到姓名、昵称、漫画甚至声音。下面我们来看一些肖像权被保护的案例。

案例4

普林博克起诉媒体制作训练视频DVD侵权

2003年，普林博克橄榄球运动员对于媒体制作训练视频DVD提起了诉讼，其目的是保护不应在DVD中出现的训练机密。除了法院认定视频中出现的球员可能会损害他们的尊严和良好的名声，法院还认定DVD的制作人违反了World Rugby的版权法。这是由于坎普斯塔尔德拉德训练营的镜头属于World Rugby，并说组织既没有同意也没有分配其所有权在坎普斯塔尔德拉德DVD的制片人。

在这个DVD的宣传片中，没有被当事人授权的肖像出现了多次，导致粉丝看到一些运动员平时训练时的私人状态，例如比赛失误、在场地乱扔垃圾、消极训练等，对于这些运动员的个人口碑与形象造成了不可挽回的损失。发行的DVD也违反了另外一条法律法规，即商标法。这是一个具有保护主义立法的体育形象保护法，因为它保护了运动员一段时间内的影视肖像权，从而防止另一个人注册、试图注册及使用相同或相似的图像商标。

另一个法律协助体育明星，保护他们的形象权利的例子在英格兰。

案例5

埃迪·欧文起诉广播电台案[1]

著名的一级方程式赛车手埃迪·欧文，成功起诉了未经授权使用他肖像进行宣传的电台，起因是Talksport电台擅自使用了欧文的照片。Talksport广播电台（以前名为Talk Radio）向大约1000名潜在广告买家发送了宣传材料，其中包括一本印有 F1 赛车手埃迪·欧文照片的小册子。这张照片经过处理，剪掉了欧文正在说话的手机，代之以便携式收音机的图像，并添加了“谈话收音机”字样。欧文声称，擅自使用他的形象这一行为会使公众误以为他对电台和电台节目内容的支持。但是广播电台并不这么认为，因为他们在节目中并没有提到欧文的名字与肖像，仅是描述为“著名的英格兰赛车手”。最终法院判决欧文获胜，赢得25000英镑的赔偿。电台在向公众展示人物形象时，公众能够清楚地猜测这是埃迪·欧文，这一行为损害了欧文的肖像权、名誉权，电台需要撤回所有的相关内容并且删除备份。

在2003年国际商会板球世界杯之前，国际商业协会试图与参赛球

1 Irvine v. Talksport Lid(2002) 1 WLR2355.

员签订协议，其中包括一项条款：使国际商会有权为其利益使用和利用球员的形象权利，而不对球员给予任何利益补偿。但随后在赛事进行中，主办方利用球员肖像做成海报和彩票进行售卖，得到了不少的运营收入，许多明星球员看到后眼红，并且试图与主办方谈判，企图全部占有这笔收入。但是主办方作为赛事运营方，需要资金维系赛事运转，不同意全部让出这笔资金。最后国际刑事法庭进行了判决，赛事运营方有权在世界杯期间和世界杯之后的短时间内利用合同享有球员肖像权的权利。这也是大型赛事保护运动员肖像的一个例外。

体育赛事在组织筹办的过程中需考虑不同国籍的参赛者，鉴于前述不同国家和地区的数据保护法律的复杂性，有必要对如何适用法律，以及解决法律之间的冲突和协调予以明确约定。作为世界范围内影响力最大的体育赛事之一，奥运会已经注意到目前多个国家和地区的数据立法情况，并在实践中对相关规定和要求作出了相应的安排。在取得奥运会的主办资格后，主办城市及该城市所在国的国家奥委会须与国际奥委会签订《主办城市合同》（以下简称《合同》），而具体协调和运作则由为举办奥运会而专门设立的奥组委实际负责。在筹备和举办比赛的过程中，奥组委将受到《合同》及不断更新的国际奥委会对奥运会举办要求的约束。

尽管历届奥运会的《合同》具体内容略有差异，但总体而言国际奥委会均对奥运会相关的数据权属、数据跨境传输和数据保护作了规定。根据《合同》及其配套附件，奥组委在处理个人信息时主要需遵循如下要求：为确保促进奥运会的参与、组织和推广而处理的一般个人信息，并在必要范围内遵守所有适用的法律和法规，特别是所有适用的隐私和数据保护法律（包括东道国以外的国家可以适用的法律）。实践中，赛事组委会在运动员的报名表中以主要条款的形式就个人信息的收集处理进行告知并通过运动员签署报名表征得同意。报名表的附件则详细列举和说明了处理个人信息的责任主体、目的及主要场景、信息类型、信息接收方、保存期限、安全保障、跨境传输及个人信息主体权利等事项。

此外，在体育明星品牌保护中不同法条之间也可能面临权利冲突的难题。接下来，我们看一个有趣的案例。

案例6

勒布朗 · 詹姆斯被摄影师起诉侵权案

2021年6月，美国地区法院裁定[1]，篮球巨星勒布朗·詹姆斯可能因在社交媒体账户上发布的一张自己的照片而被起诉侵犯版权。这张照片是摄影师史蒂夫·米切尔在2010年迈阿密热火队和夏洛特山猫队的比赛中拍摄的。詹姆斯未经米切尔允许，也没有注明出处，就在自己的Instagram账户上发布了这张照片，米切尔随后起诉詹姆斯侵犯版权。法院允许案件继续进行的决定意义重大，因为它确定了在社交媒体上发布自己照片的个人，如果他们没有获得使用照片的许可，仍然要为侵犯版权承担责任。这一裁决可能会对其他未经许可发布图片的名人和社交媒体用户产生影响。

虽然案件最终以双方场外协商结束，但也引发了法学界的一些思考，王剑平、陈姝[2]在面对肖像权与著作权两者冲突时提出了需将著作权与肖像权的内容进行区分，并明确权利保护的边界。因为著作权的设置初衷是鼓励创作和创新，坚持有利于作品传播和利用的原则，所以著作权制度最初是保护作者对其作品享有的收益权。尽管两种权利主体不同，内容相似，但一般情况下并不排他，因此，如一方欲行使相关权利需取得另一方的许可；如他人欲行使相关权利，需取得双方的许可。从《民法典》第1021条的规定“当事人对肖像许可使用合同中关于肖像使

1 United States District Court Southern Distict of New York Case 1:20-cv-02374.

2 王剑平,陈姝.摄影作品中肖像权的行使与保护[EB/OL].(2022-01-11)[2023-06-26].https://m.thepaper.cn/baijiahao_16240661.

用条款的理解有争议的，应当作出有利于肖像权人的解释”，也可以发现对肖像权保护理念的深化与特别保护的态度。但若产生不可调和的冲突时，肖像权应当高于著作权。其提出可从以下几个原因入手：①肖像权系自然人的基本权利，自始享有，不得剥夺。而著作权系对当事人的创作保护，相较于与生俱来的肖像权而言，其是一种派生的、后来的权利。从法益位阶来讲，基本权利高于派生权利。②肖像权作为一种基本权利，旨在维护自然人的基本尊严，实现人的自由价值。著作权旨在保护、激励创作，维护创作秩序。从价值观而言，人的自由价值应当高于秩序价值。③虽然两者均包含精神利益与财产利益，但从制度设置的目的来看，肖像权侧重于对精神利益的保护，强调权利人对自己肖像的专属权和控制权；而著作权一定程度上更注重财产利益，其主要目的是通过赋予著作权人对其作品的报酬请求权来鼓励创作。从保护内容来讲，精神利益高于财产利益。

（二）体育明星品牌运营中商标权的保护现状及主要问题

体育已经十分广泛地融入我们的社会生活和经济生活中，而商标在各行业都发挥着重要的作用。体育领域的商标具有形式多样、主体集中、产品销售对象特定等特点，对其进行法律保护具有正当性基础。体育领域商标侵权判断标准的适用也有需要注意的地方。在现代社会，职业或业余、竞技或非竞技、团体或个人以及常规或极限等各种形态的体育运动已经广泛融入了人们的社会生活之中，与之相关的体育产业迅速兴起并不断发展壮大，创造了巨额的利润。其中，商标的适用和许可的收益就占据了相当大的比重。因此，商标这一无形资产的保护，对于一个企业甚至体育产业的发展来说至关重要。

1.运动员姓名商标权

体育领域的商标首先在客体上具有表现形式的多样性。名称、昵称和简称、标志、徽记、旗帜、吉祥物、体育名人的姓名或形象、独特的商业外观，乃至广告标语、竞技风格等都可能被注册为商标。所以说，体育产业领域内的商标，不仅含有文字、图形、颜色组合和三维标志等各种构成要素，还会经常与姓名权、名称权、肖像权、著作权以及外观设计专利权等其他民事权利出现重叠、冲突。像奥林匹克标志，属于特殊标志，这种特殊标志经过工商行政管理部门核准登记，由活动的组织或者筹备者享有类似于商标专用权的特殊标志权利。由此可以推出，体育领域的商标保护原则也适用于特殊标志。

从整体来看，不仅特殊标志，体育领域其他标志的所有人或代理人，也大多数是团体、俱乐部或职业联盟等。职业联盟商标的集中，促成了体育商标运用实践等方面的核心。例如，美国篮球职业联盟在全国范围内，拥有销售、许可、发表、商品化利用、推广和保护各个成员俱乐部的商标独占权。就使用的对象和方式而言，销售门票的体育团体或职业俱乐部的商标本身构成为公众提供娱乐休闲的服务商标，这些商标同时可以作为商品商标被广泛地应用于体育服饰、鞋帽、运动设施、器材和装备以及明星卡片、玩具纪念品和电子游戏等衍生产品。一些商业组织为顾客健身或进行体育运动提供一定的场所和服务。他们的商标属于体育领域另一种类型的服务商标。也有一些我们熟知的专门制造体育用品的公司，如耐克、阿迪达斯等拥有自己的独立商标。

但有一类特殊商标仍值得我们注意，就是体育明星以个人名字、口号、特殊设计的商标，这一类商标具有长期不稳定因素，一来是会被恶意抢注，二来是会产生归属权问题纠纷。对于很多运动员而言，一战成名后的结果很可能是他（她）的名字忽然成了别人的商标。[1]下面我们来看一些事（案）例。

---

1 “姆巴佩”成中国商标？体育明星名字屡遭抢注如何规制[EB/OL].(2019-04-26)[2023-06-22].https://www.chinanews.com.cn/sh/2019/04-26/8820661.shtml.

事例1

姆巴佩商标遭多方抢注事例

足球明星姆巴佩以其惊人的速度和突破能力闻名于世。他曾在8秒内完成60米冲刺并过掉5名对手，帮助法国队获得2018年俄罗斯足球世界杯的冠军。姆巴佩在法国队的征程中表现出色，成为当时最耀眼的新星。在一场淘汰赛中，法国队4比3战胜了阿根廷队，姆巴佩表现突出。然而，令人惊讶的是，此后姆巴佩被传出了一个令人疑惑的消息，即他被认为是中国人。原因是，姆巴佩这个名字已被申请注册为中国商标。仅在那场比赛之后的第二天，就有20多个申请人提交了“姆巴佩”商标注册申请。此后几天内，共出现了100多个与“姆巴佩”相关的商标注册申请。查询国家知识产权局和中国商标网，可以发现有257个商标申请与“姆巴佩”有关，其中不乏运动用品等商标品牌。

为什么体育明星的名字总是成为商标争夺的对象？随着人们生活水平的提高，更多人开始关注健康运动。因此，体育产品的市场潜力更大，许多企业希望进入这个领域。这些企业都希望通过借助明星的影响力来提高自己商品的知名度和市场占有率。然而，这种行为过度演变就会助长不诚信的市场竞争行为，同时对普通消费者的利益造成损害。

近年来，另一位NBA巨星斯蒂芬·库里在中国也遭遇了恶意抢注，虽然展开了维权和姓名商标布局，但是出手太晚，其商标布局惨遭驳回，诉讼也遭遇失败。斯蒂芬·库里是美国职业篮球运动员，于2009年通过选秀进入NBA后一直效力于金州勇士队，新秀赛季入选最佳新秀第一阵容。库里以三分神准而闻名于世，曾携球队在2014—2015赛季、2016—2017赛季、2017—2018赛季三次夺得NBA总冠军，两次荣膺常规赛MVP，6次入选最佳阵容，6次入选全明星赛西部首发阵容。作为安德玛的头号代言人，早在2013年，库里就多次来中国参加商业活动，库里在中国的人气越来越高，堪比科比。有流量的地方就有抢注发生，对于国际体育明星更无例外。

根据中国国家商标局网站的查询结果，与“库里”相关的商标申请数量超过了100个。其商标申请可以追溯到2013年，而在2015年出现了一波抢注高潮。这很可能与库里在2015年首次赢得NBA常规赛MVP并率领球队夺得NBA总冠军有关。除了与“库里”相关的商标，还有许多类似于“库里三分”“库里兄弟”等字样的商标被注册。这些商标的抢注意图显而易见。众所周知，库里以其准确的三分球而闻名，而且库里有一个篮球明星弟弟，带来的篮球商业价值巨大。此外，库里的英文姓氏“Curry”也被抢注在第28类体育用品商标类别上。“Curry”一直是安德玛为库里推出的签名篮球鞋的命名，而且据库里个人微博透露，Curry Brand是安德玛正式为库里打造个人专属新品牌的名字。由此可见，“Curry”一词在商业上的价值不言而喻。直到2016年，库里才意识到自己的名字被大量抢注商标的问题，于是开始在中国展开维权行动。他一方面提起了无效宣告申请，以对抢注商标进行无效宣告；另一方面，他积极与商标持有者进行谈判，希望通过商标转让的方式恢复商标的控制权。同时，库里也开始布局自己的商标，比如接下来要提到的第31096974号CURRY商标。

案例7

库里商标案[1]

2016年6月2日，吴某付申请的第20185812号Curry商标成功注册，而库里在2018年申请的第31096974号“CURRY”商标被驳回了。商标局认定，库里的商标申请违反了《商标法》（2013年

1 北京知识产权法院（2020）京73行初2146号行政判决书。

修正）第30条的规定，给予驳回处理。作为当事人，库里认为这种处理方式存在问题，他对该商标提起复审，且对在先引证商标“CURRY”提起无效宣告请求。不幸的是，无效宣告结果未出，复审再次失败。库里对此十分生气，将中国国家知识产权局告上北京知识产权法院。为什么库里自己申请带有个人色彩的商标申诉失败？我们可以分析库里方的诉讼请求。库里方诉称：①斯蒂芬·库里是知名NBA职业篮球运动员，“CURRY”作为原告姓氏与库里本人之间具有天然的对应关系，原告对“CURRY”享有姓名权，作为真正权利人拥有“CURRY”商标，不会引起相关公众的混淆误认。②原告已对第20185812号“CURRY”商标（以下简称引证商标）提起无效宣告申请，且原告与引证商标的所有人进行了商标所属权的谈判，恳请法院暂缓审理，待引证商标无效宣告程序完成或转让完成后再进行审理。在诉讼阶段，库里还补充提交了证据包括第17058536号“库里”商标的无效宣告请求裁定书。

结果，由于在此案审理期间，先引证商标仍然被判有效，构成第31096974号“CURRY”诉争商标的权利障碍，北京知识产权法院认定诉争商标与引证商标共存于市场容易使相关公众与粉丝对商品的来源产生混淆或误认，诉争商标的注册申请违反了《商标法》（2013年修正）第30条的规定。《商标法》（2013年修正）第30条规定：“申请注册的商标，凡不符合本法有关规定或者同他人在同一种商品或者类似商品上已经注册的或者初步审定的商标相同或者近似的，由商标局驳回申请，不予公告。”最终，法院驳回原告斯蒂芬·库里的诉讼请求，诉讼结果维持原判。一审宣判后，双方当事人表示服从判决。

库里在篮球领域的个人价值有目共睹，他的实力和粉丝群体带来了大量的流量与商业价值，但是因为忽视了个人商标的注册与维护，现如今只能不断地通过谈判、转让等方式夺回原本属于他自己的利益。商标抢注近几年已经发展为灰色产业，很多人通过商标抢注牟取利益，名人明星的经济效益高、个人影响力大，商标抢注更是处在风口浪尖上。提前做好商标布局，防御商标注册才能有效避免这类问题。防范自身商业价值被恶意损害不单是有所成就的现役运动员的事，青少年运动员也是抢注人关注的对象，他们会批量注册这些未来的体育明星的姓名作为商标，等到某一场比赛出名后，再高价售出获取巨额利益。

东京奥运会首金得主杨倩是2021年第一个火“出圈”的奥运健儿，这个此前名不见经传的“00后”女孩帮助中国队一举“射落”东京奥运会的第一枚金牌，由此开启了中国代表团在东京的“金牌进货”之旅。截至2023年6月26日，通过飙局平台检索以“杨倩”为关键词的商标，发现自杨倩走红后共有5个恶意抢注商标（均被国家知识产权局依法驳回），申请注册时间均为杨倩获得首金（2021年7月24日）之后，最早注册时间为2021年7月31日，最晚的是8月10日。而其中一个为“健身器材”类别，直接与运动品类相关，此外还有“服装鞋帽”“广告销售”“酒”“纽扣拉链”等品类。跳水小将全红婵的名字被注册得更多，全红婵因为年龄小、表现好，接受采访时真实、活泼可爱，被众多网友喜爱。截至2023年6月26日，通过飙局平台检索以“全红婵”为关键词的商标，申请注册“全红婵”商标的共有30个，涉及“服装鞋帽”“啤酒饮料”“教育娱乐”等不同类别，申请时间均为东京奥运会期间的2021年8月5日至10日。这些商标，4件显示为“商标申请中”，26件已无效，均未获得通过。

针对杨倩、全红婵、陈梦等奥运健儿姓名被申请注册商标一事，中国奥委会于2021年8月18日发布官方声明——中国奥委会在此郑重提示：社会各界开展相关商业活动，应当保持理性，切实尊重运动员合法权益，遵守《民法典》《商标法》《反不正当竞争法》等相关法律法规规定。同时，中国奥委会在声明中表示，如未获得运动员本人或未成年运动员监护人授权，不得以奥运健儿姓名恶意抢注商标或以其他形式侵犯运动员姓名权等合法权益；有上述行为的，应及时撤回和停止实施商标注册申请。运动员及未成年运动员监护人有依法追究相关侵权行为人法律责任的权利。[1]

对于奥运健儿姓名被恶意抢注为商标的问题，《商标法》（2019年修正）第32条规定，申请商标注册不得损害他人现有的在先权利，也不得以不正当手段抢先注册他人已经使用并有一定影响的商标。其中“在先权利”是指当事人在诉争商标申请日之前享有的民事权利或者其他应予保护的合法权益，包括姓名权等，而是否构成损害他人的姓名权则需要判断该商标与该自然人是否存在特定的联系，即站在相关公众的角度，是否容易认为标记有该商标的商品系经过该自然人许可或者与该自然人存在特定联系。奥运健儿在体育赛场上的杰出表现为其赢得了广泛的社会关注，在广大公众心目中享有知名度。因此，将奥运健儿的姓名恶意抢注为商标的行为可能构成侵犯奥运健儿的姓名权。北京观韬中茂（南京）律师事务所律师水天鲲表示，对于奥运健儿来说，如果发现有恶意抢注的行为，可以根据抢注商标的法律状态分情况进行事后救济：在商标初步审定后的公告期内，在先权利人、利害关系人可以根据《商标法》（2019年修正）第33条向商标局提起异议；如抢注商标已经获得注册，依据《商标法》（2019年修正）第45条的规定，“自商标注册之日起五年内，在先权利人或者利害关系人可以请求商标评审委员会宣告该注册商标无效。对恶意注册的，驰名商标所有人不受五年的时间限制”。

---

1 杨倩、陈梦、全红婵等奥运健儿姓名被抢注为商标 中国奥委会回应[EB/OL]. (2021-08-18)[2023-06-22].http://m.news.cctv.com/2021/08/18/ARTIzMnVoZsTff50ZN-SAULlt210818.shtml.

2.体育明星品牌商标权保护

严重的隐性营销会直接侵犯体育明星品牌知识产权，品牌法律保护的第一道屏障是对明星品牌知识产权的保护。商标注册可保护主办体育明星相关的个人形象、特殊名称、个人口号等主要标志。版权保护适用于形象设计、体育用品设计、标志设计等，外观设计专利注册可保护体育用品、体育器械等三维物体或体育明星形象的二维设计。《反不正当竞争法》作为上述法律手段的补充对赛事知识产权进行兜底保护，域名注册是线上知识产权保护的必要手段。在知识产权保护中，体育明星应通过确权或权利转让的方式获得个人设计作品的所有权，这是知识产权注册和保护的前提。

此外，还应通过地方行政法规进行体育明星品牌保护。加强与当地政府的合作，控制和管理媒体和网络宣传、标识展示、沿街售卖、道路占用、商业许可、兜售和商业推广活动、城市建筑设施使用、停车、空域、道旗、商业名称等，制止未经许可使用体育明星知识产权或其他隐性营销行为。再者，对于跨境隐性营销，可利用与知识产权保护有关的国际条约加以制止。

合同限制也是体育明星品牌法律保护的有效途径。体育明星品牌商业活动中的诸多法律关系由合同确定，包括个人形象使用合同、赞助商合同、商品特许经营合同、非商业性授权合同、代言合同、个人设计产品合同、产品与服务采购合同、工作人员劳动合同、志愿服务合同、设计人员服务合同、第三方供应商服务合同等。这些合同中应加入相应条款，条款内容包括商标权的归属、形象权的放弃、著作权的转让、职务作品的确认、知识产权的保护、隐性营销的防范、明星品牌使用的条件、品牌宣传的遵守等。一旦签约，应确保双方完整准确地理解自己的权利和义务，认真履行合同。

（三）体育明星品牌运营中虚拟形象的知识产权保护现状及主要问题

“元宇宙”时代的开启，使虚拟形象行业进入了高速发展阶段，虚拟数字人（科技创造）以及虚拟分身（现实中有其人）等人物在商业活动的应用中推动了数字经济的新发展。体育领域内元宇宙泛娱乐运营商垣宇科技2022年打造了全球首个体育世界冠军元宇宙虚拟形象；2022年英特尔和中国篮球协会旗下中国男子三人篮球超级联赛共同举办的首届元宇宙扣篮大赛中，参赛运动员均用自己的超写实数字人在四种风格不同的虚拟场景赛场完成了比赛；2022年卡塔尔世界杯赛事中也使用了大量数字人充当解说员和嘉宾的展现形式，比如在咪咕视频的世界杯中场评球环节，知名解说嘉宾张路和咪咕平台的数字人“主播”进行了直播互动，而中国移动数智手语主播“弋瑭”也亮相世界杯。体育虚拟明星的入场对于体育产业及数字产业的发展都是一剂强心针，但随着虚拟人物与产业链条中各主体之间产生的部分利益冲突，虚拟人物的知识产权问题被搬到了台面上。

在网络著作权主体方面，新的主体界定标准影响了传统权利配置方式。网络技术直接导致了“虚拟人”“虚拟组织”的出现，使著作权主体的表现形式更加丰富、身份认定更加复杂。[1]以表演者权问题为例，《著作权法》（2020年修正）第39条规定：“表演者对其表演享有下列权利：（一）表明表演者身份；（二）保护表演形象不受歪曲；（三）许可他人从现场直播和公开传送其现场表演，并获得报酬；（四）许可他人录音录像，并获得报酬；（五）许可他人复制、发行、出租录有其表演的录音录像制品，并获得报酬；（六）许可他人通过信息网络向公众传播其表演，并获得报酬。被许可人以前款第三项至第六项规定的方式使用作

1 王景川,胡开忠.知识产权制度现代化问题研究[M].北京:北京大学出版社,2010:36.

品，还应当取得著作权人许可，并支付报酬。”

此外，达拉斯小牛队球星卢卡·东契奇在2021年创造了一项纪录。但这并不是因为他在球场上的表现，而是因为他亲笔签名的NBA新秀交易卡以460万美元的价格被售出，成为第三昂贵的篮球卡。同年，一张1952年的米奇—曼托卡以520万美元的价格成为有史以来售价最高的体育卡。2021年4月，标志性的体育卡品牌Topps宣布将通过与Mudrick Capital Acquisition Corporation Ⅱ合并上市，交易中Topps的估值为13亿美元。2023年2月，一个被称为“时刻”的亮点片段，显示了勒布朗·詹姆斯的扣篮，通过NBA Top Shot卖出了20多万美元。这个基于区块链的在线平台仅在2月的最后一周，其NFT“高光”片段的销售额就超过了1.5亿美元。

体育卡交易的热潮已经正式从实体卡片领域延伸到虚拟世界。像Dapper Labs的NBA Top Shot这类平台就掀起了一波线上消费热潮。在该平台上，用户可以购买和出售以NBA球员为主角的简短视频亮点片段，称为“时刻”。总部位于温哥华的Dapper Labs已经从私募股权公司Coatue Management、凯文—杜兰特和安德烈—伊戈达拉等现役NBA球员，甚至是NBA传奇人物迈克尔·乔丹等投资者那里筹集了超过3.57亿美元的资金。NBA Top Shot上出售的视频片段可以在网上免费找到，但收藏家们仍然排队掏出数百美元甚至数千美元，以获得正式拥有独特或限量的时刻的炫耀权利，这些“时刻”是由Dapper Labs和该平台的合作伙伴、NBA本身以及联盟的球员协会授权的。Dapper Labs还建立了实体交易卡的主要功能，并增加了数字元素，如视频集锦、动画和更广泛的球员统计数据。

数字交易卡在移动应用程序上已经存在了几年，但区块链技术已经改变了游戏，允许平台跟踪数字资产的所有权，如NFT，或称非易碎代币，可以采取任何形式，从体育收藏品到所谓的“加密艺术”。从上面对NFT的描述来看，完全不考虑版权问题是可以理解的。大多数不可伪造的代币是使用作品编码的元数据文件，该作品可能受版权保护，也可能不受版权保护（原则上你可以创建一个商标的NFT），或者它甚至可能是公共领域的作品。任何数字化的东西都可以变成NFT，原始作品只需要在这个过程的第一步创建令牌和合同地址的独特组合。因此，原则上说，NFT与版权关系不大。然而，从版权的角度来看，人们对NFT的兴趣越来越大，部分原因是许多作为NFT交易的作品，如球员的形象卡受到个人版权保护，但是作为数字货币购买时，你仅是购买到一串数字代码以及匹配的图案而已。在报道NFT销售时，主流媒体的混乱也越来越严重。记者们常常认为是作品本身被卖掉了，但事实并非如此。人们很难理解NFT的购买者在元数据文件和一小串具有可疑艺术价值的数字和字母上花费了大笔资金，但这正是大多数NFT的样子。关于这些球员NFT的版权问题，购买者并不关心。

尽管如此，版权很可能会发挥作用保护球员的数字知识产权。例如，这些令牌的一种可能用途是在某种数字版权管理方案中。虽然大多数NFT不涉及权利转让，但在某些情况下，卖方提出将代币转化为原始作品版权所有权的实际转让，但是，很难评估这是否符合转让版权所需的法律手续。例如，根据英国《1988年版权、外观设计和专利法案》，转让版权需要“由转让人或代表转让人签署的书面形式”的版权转让。很难看出NFT将如何满足这些要求。

最后，还有潜在的版权侵权问题。有人可以生成不属于他们的NFT吗？这不是空洞的猜测。我们已经看到几起涉嫌侵犯版权的事件。一些艺术家在社交媒体上抱怨他们的作品未经他们许可就被铸造为NFT；未经授权的机构，把NBA赛场上的球员投篮形象做成带有商业价值的视频NFT进行售卖，并且标以限量的标志抬高价格。大多数涉嫌侵权的案件在法院之外得到解决，通常是通过从拍卖平台上移除代币。但在某些时候，这些案件之一将被提起诉讼，并且会出现NFT是否真的侵犯版权所有者权利的问题。这个问题比最初看起来更棘手，主要是因为NFT的性质。如上所述，大多数代币不是作品本身，而是作品的元数据，制作这样的代币可能不会侵犯版权。如上所述，在这里，对不可替代的代币在技术术语中的实际含义有一个清晰而准确的理解。从版权的角度来看，很难看出NFT的铸造，即使未经授权，也可以被视为侵犯版权。由于NFT不是作品，而是与作品相关的一串数字，因此生成的文件不能被视为作品的复制品甚至改编。

一般来说，要发生侵权，必须满足三个要求。首先，侵权人将在未经授权的情况下利用作者的专有权之一。其次，NFT和原件之间有因果关系，换句话说，潜在的侵权作品必须是直接从原件创作的。最后，整个作品或大部分作品将被复制。很难看出NFT将如何满足这些要求，但这显然将成为未来的争论点。我们已经看到了基于涉嫌侵犯版权的诉讼。例如，NBA官方会将比赛的视频数据授权给媒体，媒体得到数据授权后是否能制作关于球员的NFT，其产生的商业价值球员是否能够获得一部分？鉴于球员已经把肖像权授权给赛事官方，但是对于授权出去再次创作的虚拟产品是否还保留起诉的权利？

作品作者享有的专有权包括其复制、出版、出借和出租、公开表演、改编、向公众传播以及授权表演上述任何一项。只有通过NFT中的链接才能侵犯向公众传播的权利，因为在这种情况下，代币和作品之间存在因果关系。但是，由于NFT只是代码，不是作品的实质性复制品，因此不会侵犯这些权利。

在大多数情况下，虽然作者可以通过向平台提出索赔来对未经授权的使用进行法律追索，但尚不清楚作者是否真的拥有这样做的专有权。

不可避免地，NFT和球员版权之间会有一些实际的互动，大多数争议将在平台层面被处理。市场已经充当了看门人的角色，通过鼓励创作者发行代币来消除可能的侵权行为。尽管如此，市场的性质和对高回报的激励，仍然意味着NFT空间可能会产生大量的版权纠纷。这些是潜在颠覆性技术的早期阶段，因此看看争议和所有权索赔如何发展将是很有趣的。

四、体育明星品牌运营的知识产权保护

以习近平新时代中国特色社会主义思想为指导，加强体育明星品牌知识产权全链条保护，统筹推进知识产权工作，有力构建体育明星品牌知识产权保护体系。体育明星品牌因其本身的特点，亟须从知识产权立法、司法、执法、守法方面探索一条体育明星品牌的知识产权保护路径。

第一，加大体育明星品牌知识产权保护宣传力度。明星本身所具备的高关注度会吸引不同商家以及组织作出不正当商业行为，其原因包含群众缺乏对隐性营销的危害性和表现形式的了解，以及合理使用范畴不明晰。对此，应加强对相关群体的宣传教育，包括业务领域、商业合作伙伴、政府官员、体育营销和公关代理机构、合作伙伴的竞争对手、媒体、公众等，同时媒体对严重侵犯体育明星品牌形象知识产权的事件进行曝光，扩大事件的影响力，增强群众意识。

第二，健全知识产权法律、法规。全球范围内诸多地区通过专门立法，为大型体育赛事或体育明星的知识产权提供特殊保护，在我国没有专门的法规对体育明星品牌的各项权利进行保护。以标志使用审批为例：加强体育明星标志使用的审批管理。体育明星相较于一般明星，具有更多的文化价值和精神价值，以及极高的商业价值和个性化价值。标志的审批和规范使用有助于体育明星品牌展示的整体性和一致性，也有利于避免非商业机构违规使用或赞助商跨类别使用而产生的隐性营销。

第三，完善多元化知识产权保护模式。体育明星品牌知识产权范围十分广泛，从传统的著作权、专利、商标到新兴网络数据的新兼容形式，因此针对不同领域仍需制定具体规范。如体育明星品牌常借势大型体育赛事进行营销，但由于其赛事的时效性与知名度等特点，为了实现利益损失最小化，特殊情况需进行特殊处理，可以完善处理的方式。此外，体育明星品牌营销包括许多主题活动。例如公益活动，赛事巡回展或路演、火炬接力等，此类活动涉及两大方面，一方面是此类活动既涉及体育明星的标志，又属于品牌形象维护部分；另一方面，是活动相对独立，可以再次进行市场开发。体育明星品牌赞助商不赞助主题活动，便无权与主题活动相联系进行营销宣传，主题活动的市场营销权只能销售给现有赞助商。

第四，完善知识产权服务管理体系。体育明星品牌保护需要一个全面的战略，包括知识产权管理的各个方面，也包含运动员形象及表演版权保护、体育科技的专利和创新、商业秘密管理和保密、域名保护等，制定积极的知识产权执法战略对于保护体育明星品牌免受侵害至关重要。定期监测市场、在线平台和社交媒体有助于识别潜在的侵权行为。如有必要，应迅速采取行动解决侵权问题，如发送停止函、撤下通知或诉诸法律程序等。

参 考 文 献

一、著作类

1.Philip Kotler. Marketing Management: Millennium Edition[M]. Tenth Edition. Prentice Hall, 1999.

2.吴汉东.知识产权法[M].4版.北京:法律出版社.2011.

3.菲利普・科特勒,凯文・莱恩・凯勒.营销管理[M].14版.王永贵,于洪彦,何佳讯,等译.上海:格致出版社,2015.

4.吴佐夫.品牌营销[M].北京:中国华侨出版社,2002.

5.张雪莹,姜伟.市场营销[M].天津:天津大学出版社,2007.

6.王雷编.体育品牌战略[M].天津:天津大学出版社,2013.

7.丁明锐,陈宁,谌莉.数字体育营销[M].北京:清华大学出版社,2019.

8.龚韬.中国体育知识产权法律保护[M].北京:知识产权出版社,2019.

9.王雪莉,石健榕.体育营销关键链[M].北京:清华大学出版社,2019.

10.史丹丹,谌莉,胡凯编.中国体育营销创新案例[M].北京:清华大学出版社,2019.

11.刘宝成.现代营销学[M].北京:对外经济贸易大学出版社,2004.

12.张玉超.中国体育知识产权保护制度研究[M].北京:知识产权出版社,2012.

13.江亮.中国体育用品业品牌化战略研究[M].北京:北京体育大学出版社,2018.

14.蔡俊五，赵长杰.体育赞助 双赢之策[M].北京:人民体育出版社,2001.

15.年小山.品牌学[M].北京:清华大学出版社,2003.

16.刘宝成.现代营销学[M].北京:对外经济贸易大学出版社,2004.

17.赵钢,雷厉.体育场馆经营管理概论[M].北京体育大学出版社, 2007.

18.刘春田.知识产权法教程[M].北京:中国人民大学出版社,1995.

19.Lynn B.Upshaw.塑造品牌特征:市场竞争中通向成功的策略[M].戴贤远,译.北京:清华大学出版社,1999.

二、期刊类

1.Keller K L. Strategic Brand Management[J]. Journal of Brand Management, 1998, 5(6).

2.武传玺.“一带一路”倡议下中国体育用品企业面临的机遇、挑战与对策[J].首都体育学院学报,2017,29(4):302-304,342.

3.薛同照.我国体育用品品牌竞争力提升研究[J].体育文化导刊,2016(2):111-115.

4.孙义良.我国体育产业品牌发展战略研究——基于体育用品业自主知识产权创新的实证分析[J].武汉体育学院学报,2010,44(3):34-39,60.

5.江亮.“品类定位”视域下中国体育用品业品牌打造路径研究[J].首都体育学院学报,2016,28(1):8-12.

6.龚韬,彭平,何炼红.体育赛事品牌知识产权保护之解构与重塑[J].武汉体育学院学报,2021,55(2):39-45.

7.林小爱,刘丹.体育知识产权若干热点问题研讨会综述[J].武汉体育学院学报,2018,52(2):26-31,63.

8.周正宏.新媒体时代体育赛事节目的知识产权保护研究[J].西安体育学院学报,2018,35(4):400-405.

9.周召勇,吴永祺.体育用品上市企业的专利竞争力研究[J].体育文化导刊,2017(5):131-136.

10.廖钰珊,蒲毕文.体育场馆冠名权概念及法律属性分析[J].广州体育学院学报,2013,33(5):45-49.

11.张惠彬,郑丹.商标法视野下体育明星姓名权保护之困与纾解之道——以“乔丹商标案”为切入点[J].天津体育学院学报,2020,35(5):581-586.

12.高希生,阁宝成.体育品牌的内涵及外延探析[J].体育文化导刊,2005(12):9-11.

13.张玉超.我国体育知识产权的基本法律问题研究[J].中国体育科技,2014,50(2):103-111.

14.宋昱,王凯圆.疫情防控常态化背景下体育赛事运营管理的策略研究[J].南京体育学院学报,2021,20(5):9-15.

15.汪蓓,万晓红.我国标志性体育赛事传播力研究——以“武网”为例[J].武汉体育学院学报,2018,52(7):34-39.

16.袁钢,李珊.体育赛事组织者转播权的数据财产属性——基于《民法典》和新《体育法》的法教义学分析[J].上海体育学院学报,2022,46(10):23-32,75.

17.祝建军.体育赛事节目的性质及保护方法[J].知识产权,2015(11):27-34.

18.王启万,李思晴,朱虹.体育用品品牌认知生态位模糊综合评价研究[J].成都体育学院学报,2018,44(4):42-47.

19.汪毅,何秋鸿.我国体育专利的发展态势与区域分布研究[J].北京体育大学学报,2017,40(10):24-29,38.

20.沈玢.体育品牌保护:论美国商标法的立法视角与司法实践[J].武汉体育学院学报,2020,54(3):39-44.

21.孟令刚,贾凤英.论体育品牌赛事的培育路径[J].体育文化导刊,

2019(8):95–100.

22.王晓贞.从典型体育商标争议案例探讨中国体育品牌的发展[J].西安体育学院学报,2019,36(2):147–150.

23.明宇,司虎克.国外体育品牌生产企业技术创新的竞争情报分析——以耐克、阿迪达斯、锐步、彪马、匡威的专利研发为例[J].西安体育学院学报,2015,32(4):435–440.

24.殷鼎.我国体育品牌企业专利信息分析[J].体育文化导刊,2014(10):118–121,172.

25.王家宏,刘广飞,赵毅,等.中国体育深化改革相关法律问题研究[J].体育科学,2019,39(11):3–14.

26.张惠彬,张麒.NFT艺术品:数字艺术新形态及著作权规则因应[J].科技与法律(中英文),2022(3):42–50.

27.赵双阁,艾岚.体育赛事网络实时转播法律保护困境及其对策研究[J].法律科学(西北政法大学学报),2018,36(4):56–66.

28.孙飞,张静.短视频著作权保护问题研究[J].电子知识产权,2018(5):65–73.

29.熊琦.著作权合理使用司法认定标准释疑[J].法学,2018(1):182–192.

30.王迁.论体育赛事现场直播画面的著作权保护——兼评“凤凰网赛事转播案”[J].法律科学(西北政法大学学报),2016,34(1):182–191.

31.祝建军.体育赛事节目的性质及保护方法[J].知识产权,2015(11):27–34.

32.戎朝.互联网时代下的体育赛事转播保护 兼评“新浪诉凤凰网中超联赛著作权侵权及不正当竞争纠纷案”[J].电子知识产权,2015(9):14–19.

33.王迁.论汇编作品的著作权保护[J].法学,2015(2):35–49.

34.王迁.论我国《著作权法》中的“转播”——兼评近期案例和《著

作权法修改草案》[J].法学家,2014(5):125-136,179.

35.王坤.论作品的独创性——以对作品概念的科学建构为分析起点[J].知识产权,2014(4):15-22.

36.张志伟.体育赛事转播权法律性质研究——侵权法权益区分的视角[J].体育与科学,2013,34(2):46-50.

37.李琛.论我国著作权法修订中"合理使用"的立法技术[J].知识产权,2013(1):12-18.

38.赵锐.作品独创性标准的反思与认知[J].知识产权,2011(9):55-58.

39.吕利强.体育产业发展与知识产权保护[J].电子知识产权,2018(3):64-69.

40.张新锋.我国体育赛事视听信息的知识产权保护模式[J].法商研究,2023,40(2):187-200.

41.张婷,张勍,毛维国.欧洲体育赛事知识产权保护研究[J].体育与科学,2019,40(3):94-101.

42.刘友华,李新凤.侵犯体育明星姓名权的"误认"要件研究——从乔丹姓名权案说起[J].湘潭大学学报(哲学社会科学版),2018,42(3):24-28.

43.吕利强.体育产业发展与知识产权保护[J].电子知识产权,2018(3):64-69.

44.陈扬跃,马正平.专利法第四次修改的主要内容与价值取向[J].知识产权,2020(12):6-19.

45.管育鹰.局部外观设计保护中的几个问题[J].知识产权,2018(4):11-25.

46.卢海君.著作权法语境中的"创作高度"批判[J].社会科学,2017(8):95-104.

47.王迁,谈天,朱翔.知识产权侵权损害赔偿:问题与反思[J].知识产权,2016(5):34-39.

48.冯晓青,罗娇.知识产权侵权惩罚性赔偿研究——人文精神、制度理性与规范设计[J].中国政法大学学报,2015(6):24-46,159.

49.孔祥俊.当前我国知识产权司法保护几个问题的探讨——关于知识产权司法政策及其走向的再思考[J].知识产权,2015(1):3-15.

50.吴溯,陈晓,秦锋.美国部分外观设计保护制度和图形用户界面保护制度的发展及启示[J].电子知识产权,2014(9):58-64.

51.张伟君.实用艺术作品著作权法保护与外观设计专利法保护的协调[J].知识产权,2013(9):51-54.

52.王迁.论著作权法保护工业设计图的界限——以英国《版权法》的变迁为视角[J].知识产权,2013(1):19-33.

53.彭学龙,赵小东.外观设计保护与立法模式比较及对我国的启示[J].知识产权,2007(6):74-79.

54.董红海.中美外观设计专利侵权判定比较——基于美国外观设计案例的分析[J].知识产权,2005(4):52-57.

55.付继存.作品独创性功能的反思与重塑——基于著作权法结构与价值目标的双重视角[J].湖南大学学报(社会科学版),2022,36(5):147-155.

56.卢海君.论我国邻接权制度的改进——以“体育赛事节目”的著作权法保护切入[J].知识产权,2020(11):50-58.

57.李青文.体育赛事节目录像制品保护的困境与出路——以邻接权的客体为视角[J].武汉体育学院学报,2020,54(8):44-50.

58.卢海君.论体育赛事节目的著作权法地位[J].社会科学,2015(02):98-105.

59.孙山.数字作品NFT交易的著作权风险治理[J].知识产权,2023(6):3-25.

60.张恩利,蒋亚斌,张敏昊,等.新修订《体育法》背景下我国体育赛事活动法律制度环境的现实审视与优化路径[J].西安体育学院学报,2023,40(1):28-33.

61.王家宏,王茜,赵毅,等.中国体育法治建设的战略走向与完善路径[J].上海体育学院学报,2022,46(1):32-40,71.

62.何炼红.论算法时代网络著作权侵权中的通知规则[J].法商研究,2021,38(4):186-200.

63.谭小勇.新时代中国体育法治框架体系及发展论纲[J].北京体育大学学报,2021,44(2):10-21.

64.肖冬梅,文禹衡.数据权谱系论纲[J].湘潭大学学报(哲学社会科学版),2015,39(6):69-75.

65.周青山.论中国体育治理法治化[J].北京体育大学学报,2016,39(6):1-6.

66.姜熙.《体育法》修改中增加体育产业章节的研究[J].北京体育大学学报,2016,39(4):14-20,28.